OEUVRES

DE

Alphonse Daudet

LE NABAB

II

PARIS

ALPHONSE LEMERRE, ÉDITEUR

M DCCC LXXXVII

ŒUVRES

DE

Alphonse Daudet

ŒUVRES

DE

Alphonse Daudet

LE NABAB

II

PARIS

ALPHONSE LEMERRE, ÉDITEUR
27-31 PASSAGE CHOISEUL 27-31

M DCCC LXXXVII

LE NABAB

XIII

UN JOUR DE SPLEEN

CINQ heures de l'après-midi. La pluie depuis le matin, un ciel gris et bas à toucher avec les parapluies, un temps mou qui poisse, le gâchis, la boue, rien que de la boue, en flaques lourdes, en traînées luisantes au bord des trottoirs, chassée en vain par les balayeuses mécaniques, par les balayeuses en marmottes, enlevée sur d'énormes tombereaux qui l'emportent lentement vers Montreuil, la promènent en triomphe à travers les rues, toujours remuée et toujours renaissante, poussant entre les pavés, éclaboussant les panneaux des voitures, le poitrail des chevaux, les vêtements des passants, mouchetant les vitres, les seuils, les devantures, à croire que Paris entier va s'enfoncer et disparaître sous cette tristesse du sol fangeux où tout se fond et se confond. Et c'est une pitié de voir l'envahissement de cette souillure sur les blancheurs des maisons neuves, la bordure des quais, les colonnades des balcons de pierre... Il y a quelqu'un cependant que ce spectacle réjouit, un pauvre être dégoûté et malade qui, vautré tout de son long sur la soie brodée d'un divan, la tête sur ses poings fermés, regarde joyeusement dehors contre les vitres ruisselantes et se délecte à toutes ces laideurs :

« Vois-tu, ma fée, voilà bien le temps qu'il me fallait aujourd'hui... Regarde-les patauger... Sont-ils hideux, sont-ils sales !... Que de fange ! Il y en a partout, dans les rues, sur les quais, jusque dans la Seine, jusque dans le ciel... Ah ! c'est bon la boue, quand on est triste... Je voudrais tr`poter là-dedans, faire de la sculpture avec ça, une statue de cent pieds de haut, qui s'appellerait : « Mon ennui. »

— Mais pourquoi t'ennuies-tu, ma chérie, dit avec douceur la vieille danseuse, aimable et rose dans son fauteuil, où elle se tient très droite de peur d'abîmer sa coiffure encore plus soignée que d'habitude... N'as-tu pas tout ce qu'il faut pour être heureuse ? »

Et, de sa voix tranquille, pour la centième fois, elle recommence à lui énumérer ses raisons de bonheur, sa gloire, son génie, sa beauté, tous les hommes à ses pieds, les plus beaux, les plus puissants ; oh ! oui, les plus puissants, puisqu'aujourd'hui même... Mais un miaulement formidable, une plainte déchirante du chacal exaspéré par la monotonie de son désert, fait trembler tout à coup les vitres de l'atelier et rentrer dans son cocon l'antique chrysalide épouvantée.

Depuis huit jours, son groupe fini, parti pour l'exposition, a laissé Félicia dans ce même état de prostration, d'écœurement, d'irritation navrée et désolante. Il faut toute la patience inaltérable de la fée, la magie de ses souvenirs évoqués à chaque instant pour lui rendre la vie supportable à côté de cette inquiétude, de cette colère méchante qu'on entend gronder au fond des silences de la jeune fille, et qui subitement éclatent dans une parole amère, dans un « pouah » de dégoût à propos de tout... Son groupe est hideux... Personne n'en parlera... Tous les critiques sont des ânes... Le public? un goître immense à trois étages de mentons... Et pourtant, l'autre dimanche, quand le duc de Mora est venu avec le surintendant des beaux-arts voir son exposition à l'atelier, elle était si heureuse, si fière des éloges qu'on lui donnait, si pleinement ravie de son travail qu'elle admirait à distance comme d'un autre, maintenant que l'outil n'établissait plus entre elle et l'œuvre ce lien gênant à l'impartial jugement de l'artiste.

Mais c'est tous les ans ainsi. L'atelier dépeuplé du récent ouvrage, son nom glorieux encore une fois jeté au caprice imprévu du public, les préoccupations de Félicia, désormais sans objet visible, errent dans tout le vide de son cœur, de son existence de femme sortie du tranquille sillon, jusqu'à ce qu'elle se soit reprise à un autre travail. Elle s'enferme, ne veut voir personne. On dirait qu'elle se méfie d'elle-même. Il n'y a que le bon Jenkins qui la supporte pendant ces crises. Il semble même les rechercher, comme s'il en attendait quelque chose. Dieu sait pourtant qu'elle n'est pas aimable avec lui. Hier encore il est resté deux heures en face de cette belle ennuyée, qui ne lui a seulement pas une fois adressé la parole. Si c'est là l'accueil qu'elle réserve ce soir au grand personnage qui leur fait l'honneur de venir dîner avec elles... Ici la douce Crenmitz, qui rumine paisiblement toutes ces pensées en regardant le fin bout de ses souliers à bouffettes, se rappelle subitement qu'elle a promis de confectionner une assiette de pâtisseries viennoises pour le dîner du personnage en question, et sort de l'atelier discrètement sur la pointe de ses petits pieds.

Toujours la pluie, toujours la boue, toujours le beau sphinx accroupi, les yeux perdus dans l'horizon fangeux. A quoi pense-t-il? Qu'est-ce qu'il regarde venir là-bas, par ces routes souillées, douteuses sous la nuit qui tombe, avec ce pli au front et cette lèvre expressive de dégoût? Est-ce son destin qu'il attend? Triste destin qui s'est mis en marche par un temps pareil, sans crainte de l'ombre, de la boue...

Quelqu'un vient d'entrer dans l'atelier, un pas plus lourd que le trot de souris de Constance. Le petit domestique sans doute. Et Félicia, brutalement sans se retourner :

« Va te coucher... Je n'y suis pour personne...

— J'aurais bien voulu vous parler cependant, lui répond une voix amie. »

Elle tressaille, se redresse, et radoucie, presque rieuse devant ce visiteur inattendu :

— Tiens! c'est vous, jeune Minerve... Comment êtes-vous donc entré.

— Bien simplement. Toutes les portes sont ouvertes.

— Cela ne m'étonne pas. Constance est comme folle, depuis ce matin, avec son dîner...

— Oui, j'ai vu. L'antichambre est pleine de fleurs. Vous avez?...

— Oh! un dîner bête, un dîner officiel. Je ne sais pas comment j'ai pu... Asseyez-vous donc là; près de moi. Je suis heureuse de vous voir. »

Paul s'assied, un peu troublé. Jamais elle ne lui a paru si belle. Dans le demi-jour de l'atelier, parmi l'éclat brouillé des objets d'art, bronzes, tapisseries, sa pâleur fait une lumière douce, ses yeux ont des reflets de pierre précieuse, et sa longue amazone serrée dessine l'abandon de son corps de déesse. Puis elle parle d'un ton si affectueux, elle semble si heureuse de cette visite. Pourquoi est-il resté aussi longtemps loin d'elle? Voilà près d'un mois qu'on ne l'a vu. Ils ne sont donc plus amis? Lui s'excuse de son mieux. Les affaires, un voyage. D'ailleurs, s'il n'est pas venu ici, il a souvent parlé d'elle, oh! bien souvent, presque tous les jours.

« Vraiment? Et avec qui?

— Avec... »

Il va dire : « avec Aline Joyeuse... » mais une gêne l'arrête, un sentiment indéfinissable, comme une pudeur de prononcer ce nom dans l'atelier qui en a entendu tant d'autres. Il y a des choses qui ne vont pas ensemble, sans qu'on sache bien pourquoi. Paul aime mieux répondre par un mensonge qui l'amène droit au but de sa visite :

« Avec un excellent homme à qui vous avez

causé une peine bien inutile... Voyons, pourquoi ne lui avez-vous pas fini son buste, à ce pauvre Nabab?... C'était un grand bonheur, une grande fierté pour lui ce buste à l'exposition... Il y comptait. »

A ce nom du Nabab, elle s'est troublée légèrement :

« C'est vrai, dit-elle, j'ai manqué à ma parole... Que voulez-vous? Je suis à caprices, moi... Mais mon désir est bien de le reprendre un de ces jours... Voyez, le linge est dessus, tout mouillé, pour que la terre ne sèche pas...

— Et l'accident?... Oh ! vous savez, nous n'y avons pas cru...

— Vous avez eu tort... Je ne mens jamais... Une chute, un à-plat formidable... Seulement la glaise était fraîche. J'ai réparé cela facilement. Tenez! »

Elle enleva le linge d'un geste ; le Nabab surgit avec sa bonne face tout heureuse d'être portraiturée, et si vrai, tellement « nature » que Paul eut un cri d'admiration.

« N'est-ce pas qu'il est bien? dit-elle naïvement... Encore quelques retouches là et là... (Elle avait pris l'ébauchoir, la petite éponge et poussé la sellette dans ce qui restait de jour.) Ce serait l'affaire de quelques heures ; mais il ne pourrait toujours pas aller à l'exposition. Nous sommes le 22 ; tous les envois sont faits depuis longtemps.

— Bah !... avec des protections... »

Elle eut un froncement de sourcils et sa mauvaise expression retombante de la bouche :

« C'est vrai... La protégée du duc de Mora... Oh ! vous n'avez pas besoin de vous défendre. Je sais ce qu'on dit et je m'en moque comme de ça... (Elle envoya une boulette de glaise s'emplâtrer contre la tenture.) Peut-être même qu'à force de supposer ce qui n'est pas... Mais laissons là ces infamies, dit-elle en relevant sa petite tête aristocratique... Je tiens à vous faire plaisir, Minerve... Votre ami ira au Salon cette année. »

A ce moment, un parfum de caramel, de pâte chaude envahit l'atelier où tombait le crépuscule en fine poussière décolorante; et la fée apparut, un plat de beignets à la main, une vraie fée, parée, rajeunie, vêtue d'une tunique blanche qui laissait à l'air, sous des dentelles jaunies, ses beaux bras de vieille femme, les bras, cette beauté qui meurt la dernière.

— Regarde mes *kuchlen*, mignonne, s'ils sont réussis cette fois... Ah! pardon, je n'avais pas vu que tu avais du monde... Tiens! Mais c'est M. Paul... Ça va bien, monsieur Paul?... Goûtez donc un de mes gâteaux...

Et l'aimable vieille, à qui ses atours semblaient prêter une vivacité extraordinaire, s'avançait en sautillant, son assiette en équilibre au bout de ses doigts de poupée.

« Laisse-le donc, lui dit Félicia tranquillement... Tu lui en offriras à dîner.

— A dîner? »

La danseuse fut si stupéfaite qu'elle manqua renverser sa jolie pâtisserie, soufflée, légère et excellente comme elle.

« Mais oui, je le garde à dîner avec nous... Oh! je vous en prie, ajouta-t-elle avec une insistance particulière en voyant le mouvement de refus du jeune homme, je vous en prie, ne me dites pas non... C'est un service véritable que vous me rendez en restant ce soir... Voyons, je n'ai pas hésité tout à l'heure, moi... »

Elle lui avait pris la main; et vraiment, l'on sentait une étrange disproportion entre sa demande et le ton suppliant, anxieux, dont elle était faite. Paul se défendit encore. Il n'était pas habillé... Comment voulait-elle?... Un dîner où elle avait du monde...

« Mon dîner?... Mais je le décommande... Voilà comme je suis... Nous serons seuls, tous les trois, avec Constance.

— Mais, Félicia, mon enfant, tu n'y songes pas... Eh bien! Et le... l'autre qui va venir tout à l'heure.

— Je vais lui écrire de rester chez lui, parbleu!

— Malheureuse, il est trop tard...

— Pas du tout. Six heures sonnent. Le dîner

était pour sept heures et demie... Tu vas vite lui faire porter ça. »

Elle écrivait, en hâte, sur un coin de table.

« Quelle étrange fille, mon Dieu, mon Dieu!... murmurait la danseuse tout ahurie, pendant que Félicia, ravie, transfigurée, fermait joyeusement sa lettre.

— Voilà mon excuse faite... La migraine n'a pas été inventée pour Kadour... »

Puis, la lettre partie :

« Oh! que je suis contente; la bonne soirée que nous allons passer... Embrasse-moi donc, Constance... Cela ne nous empêchera pas de faire honneur à tes *Kuchlen*, et nous aurons le plaisir de te voir dans une jolie toilette qui te donne l'air plus jeune que moi. »

Il n'en fallait pas tant pour faire pardonner par la danseuse ce nouveau caprice de son cher démon et le crime de lèse-majesté auquel on venait de l'associer. En user si cavalièrement avec un pareil personnage! il n'y avait qu'elle au monde, il n'y avait qu'elle... Quant à Paul de Géry, il n'essayait plus de résister, repris de cet enlacement dont il avait pu se croire dégagé par l'absence et qui, dès le seuil de l'atelier, comprimait sa volonté, le livrait lié et vaincu au sentiment qu'il était bien résolu à combattre.

Évidemment le dîner, un vrai dîner de gourmandise, surveillé par l'Autrichienne dans ses moindres détails, avait été préparé pour un invité de grande volée. Depuis le haut chandelier kabyle à sept branches de bois sculpté qui rayonnait sur la nappe couverte de broderies, jusqu'aux aiguières à long col enserrant les vins dans des formes bizarres et exquises, l'appareil somptueux du service, la recherche des mets aiguisés d'une pointe d'étrangeté révélaient l'importance du convive attendu, le soin qu'on avait mis à lui plaire. On était bien chez un artiste. Peu d'argenterie, mais de superbes faïences, beaucoup d'ensemble, sans le moindre assortiment. Le vieux Rouen, le Sèvres rose, les cristaux hollandais montés de vieux étains ouvrés se rencontraient sur cette table comme sur un dressoir d'objets rares rassemblés par un connaisseur pour le seul contentement de son goût. Un peu de désordre par exemple, dans ce ménage monté au hasard de la trouvaille. Le merveilleux huilier n'avait plus de bouchons. La salière ébréchée débordait sur la nappe, et à chaque instant : « Tiens! Qu'est devenu le moutardier?... Qu'est-ce qu'il est arrivé à cette fourchette? » Cela gênait un peu de Géry pour la jeune maîtresse de maison qui, elle, n'en prenait aucun souci.

Mais quelque chose mettait Paul plus mal à l'aise encore, c'était la préoccupation de savoir quel hôte privilégié il remplaçait à cette table, que l'on pouvait traiter à la fois avec tant de magnificence et un sans-façon si complet. Malgré tout, il le sentait présent, offensant pour sa dignité personnelle, ce convive décommandé. Il avait beau vouloir l'oublier; tout le lui rappelait, jusqu'à la parure de la bonne fée assise en face de lui et qui gardait encore quelques-uns des grands airs dont elle s'était d'avance munie pour la circonstance solennelle. Cette pensée le troublait, lui gâtait la joie d'être là.

En revanche, comme il arrive dans tous les duos où les unissons sont très rares, jamais il n'avait vu Félicia si affectueuse, de si joyeuse humeur. C'était une gaieté débordante, presque enfantine, une de ces expansions chaleureuses qu'on éprouve le danger passé, la réaction d'un feu clair flambant, après l'émotion d'un naufrage. Elle riait de toutes ses dents, taquinait Paul sur son accent, ce qu'elle appelait ses idées bourgeoises. « Car vous êtes un affreux bourgeois, vous savez... Mais c'est ce qui me plaît en vous... C'est par opposition sans doute parce que je suis née sous un pont, dans un coup de vent, que j'ai toujours aimé les natures posées, raisonnables.

— Oh! ma fille, qu'est-ce que tu vas faire croire à M. Paul, que tu es née sous un pont?... disait la bonne Crenmitz, qui ne pouvait se faire à l'exagération de certaines images et prenait tout au pied de la lettre.

— Laisse-le croire ce qu'il voudra, ma fée... Nous ne le visons pas pour mari... Je suis sûre qu'il ne voudrait pas de ce monstre qu'on appelle une femme artiste. Il croirait épouser le diable... Vous avez bien raison, Minerve... L'art est un despote. Il faut se donner à lui tout entier. On met dans son œuvre ce qu'on a d'idéal, d'énergie, d'honnêteté, de conscience, si bien qu'il ne vous en reste plus pour la vie, et que le travail terminé vous jette là sans force et sans boussole comme un ponton démâté à la merci de tous les flots... Triste acquisition qu'une épouse pareille.

— Pourtant, hasarda timidement le jeune homme, il me semble que l'art, si exigeant qu'il soit, ne peut pas accaparer la femme à lui tout seul. Que ferait-elle de ses tendresses, de ce besoin d'aimer, de se dévouer, qui est en elle bien plus qu'en nous le mobile de tous ses actes? »

Elle rêva un moment avant de répondre.

« Vous avez peut-être raison, sage Minerve... Le fait est qu'il y a des jours où ma vie sonne terriblement creux... J'y sens des trous, des profondeurs. Tout disparaît de ce que j'y jette pour la combler... Mes plus beaux enthousiasmes artistiques s'engouffrent là-dedans et meurent chaque fois dans un soupir... Alors je pense au mariage. Un mari, des enfants, un tas d'enfants qui se rouleraient par l'atelier, le nid à soigner pour tout cela, la satisfaction de cette activité physique qui manque à nos existences d'art, des occupations régulières, du train, des chants, des gaietés naïves, qui vous forceraient à jouer au lieu de penser dans le vide, dans le noir, à rire devant un échec d'amour-propre, à n'être qu'une mère satisfaite, le jour où le public ferait de vous une artiste usée, finie... »

Et devant cette vision de tendresse la beauté de la jeune fille prit une expression que Paul ne lui avait jamais vue, qui le saisit tout entier, lui donna une envie folle d'emporter dans ses bras ce bel oiseau sauvage rêvant du colombier, pour le défendre, l'abriter dans l'amour sûr d'un honnête homme.

Elle, sans le regarder, continuait :

« Je ne suis pas si envolée que j'en ai l'air, allez... Demandez à ma bonne marraine, quand elle m'a mise en pension, si je ne me tenais pas droite à l'alignement... Mais quel gâchis ensuite dans ma vie... Si vous saviez quelle jeunesse j'ai eue, quelle précoce expérience m'a fané l'esprit, quelle confusion dans mon jugement de petite fille du permis et du défendu, de la raison et de la folie. L'art seul, célébré, discuté, restait debout dans tout cela, et je me suis réfugiée en lui... C'est peut-être pourquoi je ne serai jamais qu'une artiste, une femme en dehors des autres, une pauvre amazone au cœur prisonnier dans sa cuirasse de fer, lancée dans le combat comme un homme et condamnée à vivre et à mourir en homme. »

Pourquoi ne lui dit-il pas alors :

« Belle guerrière, laissez là vos armes, revêtez la robe flottante et les grâces du gynécée. Je vous aime, je vous supplie, épousez-moi pour être heureuse et pour me rendre heureux aussi.

Ah! voilà. Il avait peur que l'autre, vous savez bien, celui qui devait venir dîner ce soir et qui restait entre eux malgré l'absence, l'entendît parler ainsi et fût en droit de le railler ou de le plaindre pour ce bel élan.

« En tout cas, je jure bien une chose, repritelle, c'est que si jamais j'ai une fille, je tâcherai d'en faire une vraie femme et non pas une pauvre abandonnée comme je suis... Oh! tu sais, *ma fée*, ce n'est pas pour toi que je dis cela... Tu as toujours été bonne avec ton démon, pleine de soins et de tendresses... Mais regardez-la donc comme elle est jolie, comme elle a l'air jeune ce soir. »

Animée par le repas, les lumières, une de ces toilettes blanches dont le reflet efface les rides, la Crenmitz renversée sur sa chaise tenait à la hauteur de ses yeux mi-clos un verre de Château-Yquem venu de la cave du Moulin-Rouge leur voisin; et sa petite frimousse rose, ses atours flottants de pastel réflétés dans le vin doré, qui leur prêtait son ardeur piquante, rappelaient l'ancienne héroïne des soupers fins à la sortie du théâtre, la Crenmitz du bon temps, non pas audacieuse à la façon des étoiles de notre opéra moderne, mais inconsciente et roulée dans son luxe comme une perle fine dans la nacre de sa coquille. Félicia, qui décidément ce soir-là voulait plaire à tout le monde, la mit doucement sur le chapitre des souvenirs, lui fit raconter une fois de plus ses grands triomphes de *Giselle*, de la *Peri*, et les ovations du public, la visite des princes dans sa loge, le cadeau de la reine Amélie accompagné de si charmantes paroles. Ces gloires évoquées grisaient la pauvre fée, ses yeux brillaient, on entendait ses petits pieds frétiller sous la table comme pris d'une frénésie dansante.... En effet, le dîner fini, quand on fut retourné dans l'atelier, Constance commença à marcher de long en large, à esquisser un pas, une pirouette, tout en continuant de causer, s'interrompant pour fredonner un air de ballet qu'elle rhythmait d'un mouvement de la tête, puis, tout à coup, se replia sur elle-même et d'un bond fut à l'autre bout de l'atelier.

« La voilà partie, dit Félicia tout bas à de Géry... Regardez. Cela en vaut la peine, vous allez voir danser la Crenmitz. »

C'était charmant et féerique. Sur le fond de l'immense pièce noyée d'ombre et ne recevant presque de clarté que par le vitrage arrondi où la lune montait dans un ciel lavé, bleu de nuit, un vrai ciel d'opéra, la silhouette de la célèbre danseuse se détachait toute blanche, comme une petite ombre falote, légère, impondérée, volant bien plus qu'elle ne bondissait ; puis debout sur ses pointes fines, soutenue dans l'air seulement par ses bras étendus, le visage levé dans une attitude fuyante où rien n'était visible que le sourire, elle s'avançait vivement vers la lumière ou s'éloignait en petites saccades si rapides qu'on s'attendait toujours à entendre un léger bruit de vitres et à la voir monter ainsi à reculons la pente du grand rayon de lune jeté en biais dans l'atelier. Ce qui ajoutait un charme, une poésie singulière à ce ballet fantastique, c'était l'absence de musique, le seul bruit du rhythme dont la demi-obscurité accentuait la puissance, de ce taqueté vif et léger, pas plus fort sur le parquet que la chute, pétale par pétale, d'un dahlia qui se défeuille... Cela dura ainsi quelques minutes, puis on entendit à son souffle plus court qu'elle se fatiguait.

« Assez, assez... Assieds-toi, dit Félicia. »

Alors la petite ombre blanche s'arrêta au bord d'un fauteuil, et resta là posée, prête à repartir, souriante et haletante, jusqu'à ce que le sommeil la prît, se mît à la bercer, à la balancer doucement sans déranger sa jolie pose, comme une libellule sur une branche de saule trempant dans l'eau et remuée par le courant.

Pendant qu'ils la regardaient dodelinant sur son fauteuil :

« Pauvre petite fée, disait Félicia, voilà ce que j'ai eu de meilleur, de plus sérieux dans la vie comme amitié, sauvegarde et tutelle... C'est ce papillon qui m'a servi de marraine... Étonnez-vous maintenant des zigzags, des envolements de mon esprit... Encore heureux que je m'en sois tenue là... »

Et, tout à coup, avec une effusion joyeuse :

« Ah! Minerve, Minerve, je suis bien contente que vous soyez venu ce soir... Mais il ne faut plus me laisser si longtemps seule, voyez-vous... J'ai besoin d'avoir près de moi un esprit droit comme le vôtre, de voir un vrai visage au milieu des masques qui m'entourent... Un affreux bourgeois tout de même, fit-elle en riant, et un provincial par-dessus le marché... Mais c'est égal! c'est encore vous que j'ai le plus de plaisir à regarder... Et je crois que ma sympathie tient surtout à une chose. Vous me rappelez quelqu'un qui a été la grande affection de ma jeunesse, un petit être sérieux et raisonnable lui aussi, cramponné au terre-à-terre de l'existence, mais y mêlant cet idéal que nous autres artistes mettons à part pour le seul profit de nos œuvres... Des choses que vous dites me semblent venir d'elle... Vous avez la même bouche de modèle antique. Est-ce cela qui donne à vos paroles cette similitude?

Je n'en sais rien, mais à coup sûr, vous vous ressemblez... Vous allez voir... »

Sur la table chargée de croquis et d'albums devant laquelle elle était assise en face de lui, elle dessinait tout en causant, le front incliné, ses cheveux frisés un peu fous ombrant son admirable petite tête. Ce n'était plus le beau monstre accroupi, au visage anxieux et ténébreux, condamnant sa propre destinée; mais une femme, une vraie femme qui aime et qui veut séduire... Cette fois, Paul oubliait toutes ses méfiances devant tant de sincérité et tant de grâce. Il allait parler, persuader. La minute était décisive... Mais la porte s'ouvrit, et le petit domestique parut... M. le duc faisait demander si Mademoiselle souffrait toujours de sa migraine, ce soir...

« Toujours autant, » dit-elle avec humeur.

Le domestique sorti, il y eut entre eux un moment de silence, un froid glacial. Paul s'était levé. Elle continuait son croquis, la tête toujours penchée.

Il fit quelques pas dans l'atelier; puis revenu vers la table, il demanda doucement, étonné de se sentir si calme :

« C'est le duc de Mora qui devait dîner ici?

— Oui... je m'ennuyais... un jour de spleen.. Ces journées-là sont mauvaises pour moi...

— Est-ce que la duchesse devait venir ?

— La duchesse?... Non. Je ne la connais pas.

— Eh bien ! à votre place, je ne recevrais jamais chez moi, à ma table, un homme marié dont je ne verrais pas la femme... Vous vous plaignez d'être une abandonnée ; pourquoi vous abandonner vous-même ?... Quand on est sans reproche, il faut se garder du soupçon... Est-ce que je vous fâche ?

— Non, non, grondez-moi, Minerve... Je veux bien de votre morale. Elle est droite et franche, celle-là ; elle ne clignote pas comme celle des Jenkins... Je vous l'ai dit, j'ai besoin qu'on me conduise... »

Et jetant devant lui le croquis qu'elle venait de terminer :

« Tenez ! voilà l'amie dont je vous parlais... Une affection profonde et sûre que j'ai eu la folie de laisser perdre comme une gâcheuse que je suis... C'est elle que j'invoquais dans les moments difficiles, quand il fallait prendre une décision, faire quelque sacrifice... Je me disais : « Qu'en pensera-t-elle ? » comme nous nous arrêtons dans un travail d'artiste pour songer à quelque grand, à un de nos maîtres... Il faut que vous soyez cela pour moi. Voulez-vous ? »

Paul ne répondit pas. Il regardait le portrait d'Aline. C'était elle, c'était bien elle, son profil pur, sa bouche railleuse et bonne, et la longue boucle en caresse sur le col fin. Ah ! tous les ducs de Mora pouvaient venir maintenant. Félicia n'existait plus pour lui.

Pauvre Félicia, douée de pouvoirs supérieurs, elle était bien comme ces magiciennes qui nouent et dénouent les destins des hommes sans pouvoir rien pour leur propre bonheur.

« Voulez-vous me donner ce croquis ? » dit-il tout bas, la voix émue.

— Très-volontiers... Elle est gentille, n'est-ce pas ?... Ah ! ma foi, celle-là, si vous la rencontrez, aimez-la, épousez-la. Elle vaut mieux que toutes.

Pourtant, à défaut d'elle... à défaut d'elle... »

Et le beau sphinx apprivoisé levait vers lui ses grands yeux mouillés et rieurs, dont l'énigme n'avait plus rien d'indéchiffrable.

XIV

L'EXPOSITION

UPERBE...

— Un succès énorme. Barye n'a jamais rien fait d'aussi beau.

— Et le buste du Nabab?... Quelle merveille? C'est Constance Crenmitz qui est heureuse. Regardez-la trotter...

— Comment! c'est la Crenmitz cette petite vieille en mantelet d'hermine! Voilà vingt ans que je la croyais morte. »

Oh! non, bien vivante au contraire. Ravie, rajeunie par le triomphe de sa filleule, qui tient décidément le succès de l'Exposition, elle circule parmi la foule d'artistes, de gens du monde formant aux deux endroits où sont exposés les envois de Félicia, comme deux masses de dos noirs, de toilettes mêlées, se pressant, s'étouffant pour regarder. Constance, si timide d'ordinaire, se glisse au premier rang, écoute les discussions, attrape au vol des bouts de phrases, des formules qu'elle retient, approuve de la tête, sourit, lève les épaules lorsqu'elle entend dire une bêtise, tentée de foudroyer le premier qui n'admirerait pas.

Que ce soit la bonne Crenmitz ou une autre, vous la verrez à toutes les ouvertures du salon, cette silhouette furtive rôdant autour des conversations, l'air anxieux, l'oreille tendue; quelquefois un vieux bonhomme de père dont le regard vous remercie d'un mot aimable dit en passant, ou prend une expression désolée pour une épigramme qu'on lance à l'œuvre d'art et qui va frapper un cœur derrière vous. Une figure à ne pas oublier, certainement, si jamais quelque peintre épris de modernité songeait à fixer sur une toile cette manifestation bien typique de la vie parisienne, une ouverture d'exposition dans cette vaste serre de la sculpture, aux allées sablées de jaune, à l'immense plafond en vitrage sous lequel se détachent à mi-hauteur les tribunes du premier étage garnies de têtes penchées qui regardent, de draperies flottantes improvisées.

Dans une lumière un peu froide, pâlie à ces tentures vertes du pourtour, où les rayons se raréfient, dirait-on, pour laisser à la vue des promeneurs une certaine justesse recueillie, la foule lente va et vient, s'arrête, se disperse sur les bancs, serrée par groupes, et pourtant mêlant les mondes mieux qu'aucune autre assemblée, comme la saison mobile et changeante, à cette époque de l'année, confond toutes les parures, fait se frôler au passage les dentelles noires, la traîne impérieuse de la grande dame venue pour voir l'effet de son portrait, et les fourrures sibériennes de l'actrice retour de Russie et voulant qu'on le sache bien.

Ici, pas de loges, de baignoires, de places réservées, et c'est ce qui donne à cette première en plein jour un si grand charme de curiosité. Les vraies mondaines peuvent juger de près ces beautés peintes tant applaudies aux lumières; le petit chapeau, nouvelle forme, des marquises de Bois-l'Héry croise la toilette plus que modeste de quelque femme ou fille d'artiste, tandis que le modèle, qui a posé pour cette belle Andromède de l'entrée, passe victorieusement, habillée d'une jupe trop courte, de vêtements misérables jetés sur sa beauté avec tous les faux plis de la mode. On s'étudie, on s'admire, on se dénigre, on échange des regards méprisants, dédaigneux ou curieux, arrêtés tout à coup au passage d'une célébrité, de ce critique illustre qu'il nous semble voir encore, tranquille et majestueux, sa tête puissante encadrée de cheveux longs, faire le tour des envois de sculpture, suivi d'une dizaine de jeunes disciples penchés vers son autorité bienveillante. Si le bruit des voix se perd dans cet immense vaisseau, sonore seulement aux deux voûtes de l'entrée et de la sortie, les visages y prennent une intensité étonnante, un relief de mouvement et d'animation concentré surtout dans la vaste baie noire du buffet, débordante et gesticulante, les chapeaux clairs des femmes, les tabliers blancs du service éclatant sur le fond des vêtements sombres, et dans la grande travée du milieu, où le fourmillement en vignette des promeneurs fait un singulier contraste avec l'immobilité des statues exposées, la palpitation insensible dont s'entoure leur .blancheur calcaire et leurs mouvements d'apothéose.

Ce sont des ailes figées dans un vol géant, une sphère supportée par quatre figures allégoriques dont l'attitude tournante présente une vague mesure de valse, un ensemble d'équilibre donnant bien l'illusion de l'entraînement de la terre; et des bras levés pour un signal, des corps héroïquement surgis, contenant une allégorie, un symbole qui les frappe de mort et d'immortalité, les rend à l'histoire, à la légende, à ce monde idéal des musées que visite la curiosité ou l'admiration des peuples.

Quoique le groupe en bronze de Félicia n'eût pas les proportions de ces grands morceaux, sa valeur exceptionnelle lui avait mérité de décorer un des ronds-points du milieu, dont le public se tenait en ce moment à une distance respectueuse, regardant par-dessus la haie de gardiens et de sergents de ville le bey de Tunis et sa suite, longs burnous aux plis sculpturaux qui mettaient des statues vivantes en face des autres. Le bey, à Paris depuis quelques jours et le lion de toutes les *premières*, avait voulu voir l'ouverture de l'Exposition. C'etait « un prince éclairé, ami des arts, » qui possédait au Bardo une galerie de peintures turques étonnantes, et des reproductions chromo-lithographiques de toutes les batailles du premier Empire. Dès en entrant, la vue du grand lévrier arabe l'avait frappé au passage. C'était bien le slougui, le vrai slougui, fin et nerveux de son pays, le compagnon de toutes ses chasses. Il riait dans sa barbe noire, tâtait les reins de l'animal, caressait ses muscles, semblait vouloir l'exciter encore, tandis que les narines ouvertes, les dents à l'air, tous les membres allongés et infatigables dans leur élasticité vigoureureuse, la bête aristocratique, la bête de proie, ardente à l'amour et à la chasse, ivre de sa double ivresse, les yeux fixes, savourait déjà sa capture avec un petit bout de langue qui pendait, aiguisant les dents d'un rire féroce. Quand on ne regardait que lui, on se disait : « Il le tient! » Mais la vue du renard vous rassurait tout de suite. Sous le velours de sa croupe lustrée, félin, presque rasé à terre, brûlant le sol sans effort, on le sentait vraiment fée, et sa tête fine aux oreilles pointues qu'il tournait, tout en courant, du côté du lévrier avait une expression de sécurité ironique qui marquait bien le don reçu des dieux.

Pendant qu'un inspecteur des beaux-arts, accouru en toute hâte, harnaché de travers et chauve jusque dans le dos, expliquait à Mohammed l'apologue du « Chien et du Renard », raconté au livret avec cette légende : « Advint qu'ils se rencontrèrent, » et cette indication : « Appartient au duc de Mora, » le gros Hemerlingue, suant et soufflant à côté de l'Altesse, avait bien du mal à lui persuader que cette sculpture magistrale était l'œuvre de la belle amazone qu'ils avaient rencontrée la veille au Bois. Comment une femme aux mains faibles pouvait-elle assouplir ainsi le bronze dur, lui donner l'apparence de la chair? De toutes les merveilles de Paris, c'était celle qui causait au bey le plus d'étonnement. Aussi s'informa-t-il auprès du fonctionnaire s'il n'y avait rien autre à voir du même artiste.

« Si fait, Monseigneur, encore un chef-d'œuvre... Si Votre Altesse veut venir de ce côté, je vais la conduire. »

Le bey se remit en marche avec sa suite. C'étaient tous d'admirables types, traits ciselés et lignes pures, pâleurs chaudes dont la blancheur du haïck absorbait jusqu'aux reflets.

Magnifiquement drapés, ils contrastaient avec les bustes rangés sur les deux côtés de l'allée qu'ils avaient prise, et qui, perchés sur leurs hautes colonnettes, grêles dans l'air vide, exilés de leur milieu, de l'entourage dans lequel ils auraient rappelé sans doute de grands travaux, une affection tendre, une existence remplie et courageuse, faisaient la triste mine de gens fourvoyés, très penauds de se trouver là, à part deux ou trois figures de femme, riches épaules encadrées de dentelles pétrifiées, chevelures de marbre rendues avec ce flou qui leur donne des légèretés de coiffures poudrées, quelques profils d'enfant aux lignes simples où le poli de la pierre semble une moiteur de vie, tout le reste n'était que rides, plis, crispations et grimaces, nos excès de travail, de mouvements, nos nervosités et nos fièvres s'opposant à cet art de repos et de belle sérénité.

Au moins la laideur du Nabab avait pour elle l'énergie, son côté aventurier et canaille, et cette expression de bonté, si bien rendue par l'artiste, qui avait eu le soin de foncer son plâtre d'une couche d'ocre lui donnant presque le ton hâlé et basané du modèle. Les Arabes firent, en le voyant, une exclamation étouffée. « Bou-Saïd... » (le père du bonheur). C'était le surnom du Nabab à Tunis, comme l'étiquette de sa chance. Le bey, lui, croyant qu'on avait voulu le mystifier, de le conduire ainsi devant le mercanti détesté, regarda l'inspecteur avec méfiance :

« Jansoulet?... dit-il de sa voix gutturale.

— Oui, Altesse, Bernard Jansoulet, le nouveau député de la Corse... »

Cette fois le bey se tourna vers Hemerlingue, le sourcil froncé.

« Député?

— Oui, Monseigneur, depuis ce matin; mais rien n'est encore terminé. »

Et le banquier, haussant la voix, ajouta en bredouillant : « Jamais une Chambre française ne voudra de cet aventurier. »

N'importe! le coup était porté à l'aveugle confiance du bey dans son baron financier. Il lui avait si bien affirmé que l'autre ne serait jamais élu, qu'on pouvait agir librement et sans crainte à son endroit. Et voici qu'au lieu de l'homme taré, terrassé, un représentant de la nation se dressait devant lui, un député dont les Parisiens venaient admirer la figure de pierre; car, pour l'Oriental, une idée honorifique se mêlant malgré tout à cette exposition publique, ce buste avait le prestige d'une statue dominant une place. Plus jaune encore que de coutume, Hemerlingue s'accusait en lui-même de maladresse et d'imprudence. Mais comment se serait-il douté d'une chose pareille? On lui avait assuré que le buste n'était pas fini. Et, de fait, il se trouvait là du matin même et semblait s'y trouver bien, frémissant d'orgueil satisfait, narguant ses ennemis avec le sourire bon enfant de sa lèvre retroussée. Une vraie revanche silencieuse au désastre de Saint-Romans.

Pendant quelques minutes, le bey, aussi froid, aussi impassible que l'image sculptée, la fixa sans rien dire, le front partagé d'un pli droit où les courtisans seuls pouvaient lire sa colère; puis, après deux mots rapides en arabe pour demander les voitures et rassembler la suite dispersée, il s'achemina gravement vers la sortie sans vouloir plus rien regarder... Qui dira ce qui se passe dans ces augustes cervelles blasées de puissance? Déjà nos souverains d'Occident ont des fantaisies incompréhensibles; mais ce n'est rien à côté des caprices orientaux. M. l'inspecteur des Beaux-Arts, qui comptait bien montrer toute l'exposition à Son Altesse et gagner à cette promenade le joli ruban rouge et vert du Nicham-Iftikahr, ne sut jamais le secret de cette soudaine fuite.

Au moment où les haïcks blancs disparaissaient sous le porche, juste à temps pour voir flotter leurs derniers plis, le Nabab faisait son entrée par la porte du milieu. Le matin, il avait reçu la nouvelle : « *Élu à une écrasante majorité;* » et après un plantureux déjeuner, où l'on avait fortement toasté au nouveau député de la Corse, il venait, avec quelques-uns de ses convives, se montrer, se voir aussi, jouir de toute sa gloire nouvelle.

Le première personne qu'il aperçut en arrivant, ce fut Félicia Ruys, debout, appuyée au socle d'une statue, entourée de compliments et d'hommages auxquels il se hâta de venir mêler les siens. Elle était simplement mise, drapée dans un costume noir brodé et chamarré de jais, tempérant la sévérité de sa tenue par un scintillement de reflets et l'éclat d'un ravissant [illegible] chapeau tout en plumes de lophophores, dont ses cheveux frisés fin sur le front, divisant la nuque en larges ondes, semblaient continuer et adoucir le chatoiement.

Une foule d'artistes, de gens du monde, s'empressaient devant tant de génie allié à tant de beauté; et Jenkins, la tête nue, tout bouffant d'effusions chaleureuses, s'en allait de l'un à l'autre, raccolant les enthousiasmes, mais élargissant le cercle autour de cette jeune gloire dont il se faisait à la fois le gardien et le coryphée. Sa femme s'entretenait pendant ce temps avec la jeune fille. Pauvre madame Jenkins! On lui avait dit de cette voix féroce qu'elle seule connaissait: « Il faut que vous alliez saluer Félicia... » Et elle y était allée, contenant son émotion: car elle savait maintenant ce qui se cachait au fond de cette affection paternelle, quoiqu'elle évitât toute explication avec le docteur, comme si elle en avait craint l'issue.

Après madame Jenkins, c'est le Nabab qui se précipite, et prenant entre ses deux grosses pattes les deux mains long et finement gantées de l'artiste, exprime sa reconnaissance avec une cordialité qui lui met à lui-même des larmes dans les yeux.

« C'est un grand honneur que vous m'avez fait, Mademoiselle, d'associer mon nom au vôtre, mon humble personne à votre triomphe, et de prouver à toute cette vermine en train de me ronger les talons que vous ne croyez pas aux calomnies répandues sur mon compte. Vrai, c'est inoubliable. J'aurai beau couvrir d'or et de diamants ce buste magnifique, je vous le devrai toujours... »

Heureusement pour le bon Nabab, plus sensible qu'éloquent, il est obligé de faire place à tout ce qu'attire le talent rayonnant, la personnalité en vue : des enthousiasmes frénétiques qui, faute d'un mot pour s'exprimer, disparaissent comme ils sont venus, des admirations mondaines, animées de bonne volonté, d'un vif désir de plaire, mais dont chaque parole est une douche d'eau froide, et puis les solides poignées de main des rivaux, des camarades, quelques-unes très franches, d'autres qui vous communiquent la mollesse de leur empreinte; le grand dadais prétentieux dont l'éloge imbécile doit vous transporter d'aise et qui, pour ne point trop vous gâter, l'accompagne « de quelques petites réserves, » et celui qui, en vous accablant de compliments, vous démontre que vous ne savez pas le premier mot du métier, et le bon garçon affairé qui s'arrête juste le temps de vous dire dans l'oreille « que Chose, le fameux critique, n'a pas l'air content. » Félicia écoutait tout avec le plus grand calme, soulevée par son succès au-dessus des petitesses de l'envie, et toute fière quand un vétéran glorieux, quelque vieux compagnon de son père lui jetait un « c'est très bien, petiote ! » qui la reportait au passé, au petit coin jadis réservé pour elle dans l'atelier paternel, alors qu'elle commençait à se tailler un peu de gloire dans la renommée du grand Ruys. Mais, en somme, les félicitations la laissaient assez froide, parce qu'il lui en manquait une plus désirable que toute autre et qu'elle s'étonnait de n'avoir pas encore reçue... Décidément elle pensait à lui plus qu'elle n'avait pensé à aucun homme. Était-ce enfin l'amour, le grand amour si rare dans une âme d'artiste incapable de se donner tout entière au sentiment, ou bien un simple rêve de vie honnête et bourgeoise, bien abritée contre l'ennui, ce plat ennui, précurseur de tempêtes, dont elle avait tant le droit de se méfier ? En tout cas, elle s'y trompait, vivait depuis quelques jours dans un trouble délicieux, car l'amour est si fort, si beau, que ses semblants, ses mirages nous leurrent et peuvent nous émouvoir autant que lui-même.

Vous est-il quelquefois arrivé dans la rue, préoccupé d'un absent dont la pensée vous tient au cœur, d'être averti de sa rencontre par celle de quelques personnes qui lui ressemblent vaguement, images préparatoires, esquisses du type près de surgir tout à l'heure, et qui sortent pour vous de la foule comme des appels successifs à votre attention surexcitée? Ce sont là des impressions magnétiques et nerveuses dont il ne faut pas trop sourire, parce qu'elles constituent une faculté de souffrance. Déjà, dans le flot remuant et toujours renouvelé des visiteurs, Félicia avait cru reconnaître à plusieurs reprises la tête bouclée de Paul de Géry, quand tout à coup elle poussa un cri de joie. Ce n'était pas encore lui pourtant, mais quelqu'un qui lui ressemblait beaucoup, dont la physionomie régulière et paisible se mêlait toujours maintenant dans son esprit à celle de l'ami Paul par l'effet d'une ressemblance plus morale que physique et l'autorité douce qu'ils exerçaient tous deux sur sa pensée.

« Aline!

— Félicia! »

Si rien n'est plus problématique que l'amitié de deux mondaines partageant des royautés de salon et se prodiguant les épithètes flatteuses, les menues grâces de l'affectuosité féminine, les amitiés d'enfance conservent chez la femme une franchise d'allure qui les distingue, les fait reconnaître entre toutes, liens tressés naïvement et solides comme ces ouvrages de petites filles où une main inexpérimentée a prodigué le fil et les gros nœuds, plantes venues aux terrains jeunes, fleuries mais fortes en racines, pleines de vie et de repousses. Et quel bonheur, la main dans la main — rondes du pensionnat, où êtes-vous? — de retourner de quelques pas en arrière avec une égale connaissance du chemin et de ses incidents minimes, et le même rire attendri. Un peu à l'écart, les deux jeunes filles, à qui il a suffi de se retrouver en face l'une de l'autre pour oublier cinq années d'éloignement, pressent leurs paroles et leurs souvenirs, pendant que le petit père Joyeuse, sa tête rougeaude éclairée d'une cravate neuve, se redresse tout fier de voir sa fille accueillie ainsi par une illustration. Fier, certes il a raison de l'être, car cette petite Parisienne, même auprès de sa resplendissante amie, garde son prix de grâce, de jeunesse, de candeur lumineuse, sous ses vingt ans veloutés et dorés que la joie du revoir épanouit en fraîche fleur.

« Comme tu dois être heureuse!... Moi, je n'ai encore rien vu; mais j'entends dire à tout le monde que c'est si beau...

— Heureuse surtout de te retrouver, petite Aline... Il y a si longtemps...

— Je crois bien, méchante... A qui la faute?... »

Et, dans le plus triste recoin de sa mémoire, Félicia retrouve la date de la rupture coïncidant pour elle avec une autre date où sa jeunesse est morte dans une scène inoubliable.

« Et qu'as-tu fait, mignonne, dans tout ce temps?

— Oh! moi, toujours la même chose... rien dont on puisse parler...

— Oui, oui... nous savons ce que tu appelles ne rien faire, petite vaillante... C'est donner ta vie aux autres, n'est-ce pas? »

Mais Aline n'écoutait plus. Elle souriait affectueusement, droit devant elle, et Félicia, se retournant pour voir à qui s'adressait ce sourire, aperçut Paul de Géry qui répondait au discret et tendre bonjour de mademoiselle Joyeuse.

« Vous vous connaissez donc?

— Si je connais M. Paul!... Je crois bien. Nous causons de toi assez souvent. Il ne te l'a donc jamais dit?

— Jamais... C'est un affreux sournois... »

Elle s'arrêta net, l'esprit traversé d'un éclair; et, vivement, sans écouter de Géry qui s'approchait pour saluer son triomphe, elle se pencha vers Aline et lui parla tout bas. L'autre rougissait, se défendait avec des sourires, des mots à demi-voix : « Y songes-tu?... A mon âge... Une bonne maman! » Et saisissait enfin le bras de son père pour échapper à quelque raillerie amicale.

Quand Félicia vit les deux jeunes gens s'éloigner du même pas, quand elle eut compris — ce qu'ils ne savaient pas encore eux-mêmes — qu'ils s'aimaient, elle sentit comme un écroulement autour d'elle. Puis, son rêve par terre, en mille miettes, elle se mit à le piétiner furieusement... Après tout, il avait bien raison de lui préférer cette petite Aline. Est-ce qu'un honnête homme oserait jamais épouser mademoiselle Ruys? Elle, un foyer, une famille, allons donc!.., Tu es fille de catin, ma chère; il faut que tu sois catin, si tu veux être quelque chose...

La journée s'avançait. La foule plus active, avec des vides çà et là, commençait à s'écouler vers la sortie après de grands remous autour des succès de l'année, rassasiée, un peu lasse, mais excitée encore par cet air chargé d'électricité artistique. Un grand coup de soleil, du soleil de quatre heures, frappait la rosace en vitraux, jetait sur le sable des allées des lueurs d'arc-en-ciel remontant doucement sur le bronze ou le marbre des statues, irisant la nudité d'un beau corps, donnant au vaste musée un peu de la vie lumineuse d'un jardin. Félicia, absorbée dans sa profonde et triste songerie, ne voyait pas celui qui s'avançait vers elle, superbe, élégant, fascinateur, parmi les rangs du public respectueusement ouverts et le nom de « Mora » partout chuchoté.

« Eh bien! Mademoiselle, voilà un beau succès. Je n'y regrette qu'une chose, c'est le méchant symbole que vous avez caché dans votre chef-d'œuvre. »

En voyant le duc devant elle, elle frissonna.

« Ah ! oui, le symbole... » fit-elle en levant vers lui un sourire découragé ; et, s'appuyant contre le socle de la grande statue voluptueuse près de laquelle ils se trouvaient, avec les yeux fermés d'une femme qui se donne et s'abandonne, elle murmura tout bas, bien bas :

« Rabelais a menti, comme mentent tous les hommes... La vérité, c'est que le renard n'en peut plus, qu'il est à bout d'haleine et de courage, prêt à tomber dans le fossé, et que si le lévrier s'acharne encore... »

Mora tressaillit, devint un peu plus pâle, tout ce qu'il avait de sang refluant à son cœur. Deux flammes sombres se croisèrent, deux mots rapides furent échangés du bout des lèvres ; puis le duc s'inclina profondément et s'éloigna d'une marche envolée et légère comme si les dieux le portaient.

Il n'y avait en ce moment dans le palais qu'un homme aussi heureux que lui, c'était le Nabab. Escorté de ses amis, il tenait, remplissait la grande travée à lui seul, parlant haut, gesticulant, tellement glorieux qu'il en paraissait presque beau, comme si, à force de contempler son buste naïvement et longuement, il lui avait pris un peu de cette idéalisation splendide dont l'artiste avait nimbé la vulgarité de son type. La tête levée de trois quarts, dégagée du large col entr'ouvert, attirait sur la ressemblance les remarques contradictoires des passants; et le nom de Jansoulet, répété tant de fois pas les urnes électorales, l'était encore par les plus jolies bouches de Paris, par ses voix les plus puissantes. Tout autre que le Nabab eût été gêné d'entendre s'exclamer sur son passage ces curiosités qui n'étaient pas toujours sympathiques. Mais l'estrade, le tremplin allaient bien à cette nature plus brave sous le feu des regards, comme ces femmes qui ne sont belles ou spirituelles que dans le monde, et que la moindre admiration transfigure et complète.

Quand il sentait s'apaiser cette joie délirante, lorsqu'il croyait avoir bu toute son ivresse orgueilleuse, il n'avait qu'à se dire : « Député!... Je suis député ! » Et la coupe triomphale écumait à pleins bords. C'était l'embargo levé sur tous ses biens, le réveil d'un cauchemar de deux mois, le coup de mistral balayant tous les tourments, toutes les inquiétudes, jusqu'à l'affront de Saint-Romans, bien lourd pourtant dans sa mémoire.

Député !

Il riait tout seul en pensant à la figure du baron apprenant la nouvelle, à la stupeur du bey amené devant son buste; et, tout à coup, à cette idée qu'il n'était plus seulement un aventurier gavé d'or, excitant l'admiration bête de la foule, ainsi qu'une énorme pépite brute à la devanture d'un changeur, mais qu'on regardait passer en lui un des élus de la volonté nationale, sa face bonasse et mobile s'alourdissait dans une gravité voulue, il lui venait des projets d'avenir, de réforme, et l'envie de profiter des leçons du destin dans ces derniers temps. Déjà, se rappelant la promesse qu'il avait faite à de Géry, il montrait pour le troupeau famélique qui frétillait bassement sur ses talons certaines froideurs dédaigneuses, un parti pris de contradiction autoritaire. Il appelait le marquis de Bois-l'Héry « mon bon », imposait silence très vertement au gouverneur dont l'enthousiasme devenait scandaleux, et se jurait bien de se débarrasser au plus tôt de toute cette bohème mendiante et compromettante, quand l'occasion s'offrit belle à lui de commencer l'exécution. Perçant la foule qui l'entourait, Moëssard, le beau Moëssard, en cravate bleu de ciel, blême et bouffi comme un mal blanc, pincé à la taille dans une fine redingote, voyant que le Nabab, après avoir fait vingt fois le tour de la salle de sculpture, se dirigeait vers la sortie, prit son élan et passant son bras sous le sien :

« Vous m'emmenez, vous savez... »

Dans les derniers temps, surtout depuis la

période électorale, il avait pris, place Vendôme, une autorité presque égale à celle de Monpavon, mais plus impudente; car, pour l'impudeur, l'amant de la reine n'avait pas son pareil sur le trottoir qui va de la rue Drouot à la Madeleine. Cette fois il tombait mal. Le bras musculeux qu'il serrait se secoua violemment, et le Nabab lui répondit très sec :

« J'en suis fâché, mon cher, je n'ai pas de place à vous offrir. »

Pas de place dans un carrosse grand comme une maison et qui les avait amenés cinq.

Moëssard le regarda stupéfait :

« J'avais pourtant deux mots pressés à vous dire... au sujet de ma petite lettre... Vous l'avez reçue, n'est-ce pas?

— Sans doute, et M. de Géry a dû vous répondre ce matin même... Ce que vous demandez est impossible. Vingt mille francs!... Tonnerre de Dieu, comme vous y allez.

— Cependant il me semble que mes services... bégaya le bellâtre.

— Vous ont été largement payés. C'est ce qu'il me semble aussi. Deux cent mille francs en cinq mois!... Nous nous en tiendrons là, s'il vous plaît. Vous avez les dents longues, jeune homme; il faut vous les limer un peu. »

Ils échangeaient ces paroles en marchant, poussés par le flot moutonnant de la sortie. Moëssard s'arrêta :

« C'est votre dernier mot? »

Le Nabab hésita une seconde, saisi d'un pressentiment devant cette bouche mauvaise et pâle; puis il se souvint de la parole qu'il avait donnée à son ami.

« C'est mon dernier mot.

— Eh bien! nous verrons, dit le beau Moëssard, dont la badine fendit l'air avec un sifflement de vipère; et, tournant sur ses talons, il s'éloigna à grands pas, comme un homme qu'on attend quelque part pour une besogne très pressée. »

Jansoulet continua sa marche triomphale. Ce jour-là, il lui en aurait fallu bien plus pour déranger l'équilibre de son bonheur; au contraire, il se sentait réconforté par l'exécution si vivement faite.

L'immense vestibule était encombré d'une foule compacte que l'approche de la fermeture poussait dehors, mais qu'une de ces ondées subites qui semblent faire partie de l'ouverture du salon retenait sous le porche au terrain battu et sablonneux pareil à cette entrée du Cirque où les gilets en cœur se pavanent. Le coup d'œil était curieux, bien parisien.

Au dehors, de grands rais de soleil traversant la pluie, accrochant à ses filets limpides ces lames aiguës et brillantes qui justifient le proverbe : « Il pleut des hallebardes », la jeune verdure des Champs-Élysées, les massifs de rhododendrons bruissants et mouillés, les voitures rangées sur l'avenue, les manteaux cirés des cochers, tout le splendide harnachement des chevaux recevant de l'eau et des rayons un surcroît de richesse et d'effet, et mirant de partout du bleu, le bleu d'un ciel qui va sourire entre l'écart de deux averses.

Au dedans, des rires, des bavardages, des bonjours, des impatiences, des jupes retroussées, des satins bouffants sur le fin plissage des jupons et les rayures tendres des bas de soie, des flots de franges, de dentelles, de volants retenus d'une main en paquets trop lourds, chiffonnés à la diable... Puis, pour relier les deux côtés du tableau, les prisonniers encadrés par la voûte du porche et dans le noir de son ombre, avec le fond immense tout en lumière, des valets de pied courant sous des parapluies, des noms de cochers, des noms de maîtres qu'on criait, des coupés s'approchant au pas, où montaient des couples effarés.

« La voiture de M. Jansoulet! »

Tout le monde se retourna, mais on sait que cela ne le gênait guère, lui. Et tandis qu'au milieu de ces élégantes, de ces illustres, de ce tout Paris varié qui se trouvait là avec un nom à mettre sur chacune de ces figures, le bon Nabab posait un peu, en attendant ses gens, une main nerveuse et bien gantée se tendit vers lui, et le duc de Mora, qui allait rejoindre son coupé, lui jeta en passant avec cette effusion que le bonheur donne aux plus réservés :

« Mes compliments, mon cher député... »

C'était dit à haute voix et chacun put l'entendre : « Mon cher député. »

Il y a dans la vie de tous les hommes une heure d'or, une cime lumineuse où ce qu'ils peuvent espérer de prospérités, de joies, de triomphes, les attend et leur est donné. Le sommet est plus ou moins haut, plus ou moins rugueux et difficile à monter ; mais il existe également pour tous, pour les puissants et pour les humbles. Seulement, comme ce plus long jour de l'année où le soleil a fourni tout son élan et dont le lendemain semble un premier pas vers l'hiver, ce *summum* des existences humaines n'est qu'un moment à savourer, après lequel on ne peut plus que redescendre. Cette fin d'après-midi du 1er mai, rayée de pluie et de soleil, il faut te la rappeler, pauvre homme, en fixer à jamais l'éclat changeant dans ta mémoire. Ce fut l'heure de ton plein été aux fleurs ouvertes, aux fruits ployant leurs rameaux d'or, aux moissons mûres dont tu jetais si follement les glanes. L'astre maintenant pâlira, peu à peu retiré et tombant, incapable bientôt de percer la nuit lugubre où ton destin va s'accomplir.

XV

MÉMOIRES D'UN GARÇON DE BUREAU. A L'ANTICHAMBRE.

GRANDE fête samedi dernier place Vendôme.

En l'honneur de son élection, M. Bernard Jansoulet, le nouveau député de la Corse, donnait une magnifique soirée avec municipaux à la porte, illumination de tout l'hôtel, et deux mille invitations lancées dans le beau Paris.

J'ai dû à la distinction de mes manières, à la sonorité de mon organe, que le président du conseil d'administration avait pu apprécier aux réunions de la *Caisse territoriale*, de figurer à ce somptueux festival, où, trois heures durant, debout dans l'antichambre, au milieu des fleurs et des tentures, vêtu d'écarlate et d'or, avec cette majesté particulière aux personnes un peu puissantes, mes mollets à l'air pour la première fois de ma vie, j'envoyai comme un coup de canon dans les cinq salons en enfilade le nom de chaque invité, qu'un suisse étincelant saluait chaque fois du « bing! » de sa hallebarde sur les dalles.

Que d'observations curieuses j'ai pu faire encore ce soir-là, que de saillies plaisantes, de lazzis de haut goût échangés entre les gens de service sur tout ce monde qui défilait! Ce n'est pas toujours avec les vignerons de Montbars que j'en aurais entendu d'aussi drôles. Il faut dire que le digne M. Barreau nous avait d'abord fait servir à tous, dans son office rempli jusqu'au plafond de boissons glacées et de victuailles, un lunch solide fortement arrosé, qui mit chacun de nous dans un état de bonne humeur, entretenu toute la soirée par les verres de punch et de champagne sifflés au passage sur les plateaux de la desserte.

Les patrons, par exemple, ne paraissaient pas aussi bien disposés que nous. Dès neuf heures, en arrivant à mon poste, je fus frappé de la physionomie inquiète, nerveuse du Nabab, que je voyais se promener avec M. de Géry, au milieu des salons allumés et déserts, causant vivement et faisant de grands gestes.

« Je le tuerai, disait-il, je le tuerai... »

L'autre essayait de le calmer, ensuite madame parut et l'on causa d'autre chose.

Magnifique morceau de femme cette Levantine, deux fois plus forte que moi, éblouissante à regarder avec son diadème en diamants, les bijoux qui chargeaient ses énormes épaules blanches, son dos aussi rond que sa poitrine, sa taille serrée dans une cuirasse d'or vert qui se continuait en longues lames tout le long de sa jupe raide. Je n'ai jamais rien vu d'aussi imposant, d'aussi riche. C'était comme un de ces beaux éléphants blancs porteurs de tours, dont nous entretiennent les livres de voyage. Quand elle marchait, péniblement appuyée aux meubles, toute sa chair tremblait, ses ornements faisaient un bruit de ferraille. Avec ça une petite voix très perçante et une belle figure rouge qu'un négrillon lui rafraîchissait tout le temps avec un éventail de plumes blanches large comme une queue de paon.

C'était la première fois que cette paresseuse et sauvage personne se montrait à la société parisienne, et M. Jansoulet semblait très heureux et très fier qu'elle eût bien voulu présider sa fête; ce qui, du reste, ne donna pas grand mal à la dame, car, laissant son mari recevoir les invités dans le premier salon, elle alla s'étendre sur le divan du petit salon japonais, calée entre deux piles de coussins, immobile, si bien qu'on l'apercevait de loin tout au fond, pareille à une idole, sous le grand éventail que son nègre agitait régulièrement comme une mécanique. Ces étrangères vous ont un aplomb!

Tout de même l'irritation du Nabab m'avait frappé, et voyant passer le valet de chambre qui descendait l'escalier quatre à quatre, je l'attrapai au vol et lui glissai dans le tuyau de l'oreille :

« Qu'est-ce qu'il a donc votre bourgeois, monsieur Noël?

« C'est l'article du *Messager*, » me fut-il répondu, et je dus renoncer à en savoir davantage pour le moment, un grand coup de timbre annonçant que la première voiture arrivait, suivie bientôt d'une foule d'autres.

Tout à mon affaire, attentionné à bien prononcer les noms qu'on me donnait, à les faire ricocher de salon en salon, je ne pensai plus à autre chose. Ce n'est pas un métier commode d'annoncer convenablement des personnes qui s'imaginent toujours que leur nom doit être connu, le murmurent en passant du bout des lèvres, et s'étonnent ensuite de vous l'entendre écorcher dans le plus bel accent, vous en voudraient presque de ces entrées manquées, enguirlandées de petits sourires, qui suivent une annonce mal faite. Chez M. Jansoulet, ce qui me rendait la besogne encore plus difficile, c'était cette masse d'étrangers, tous égyptiens, persans, tunisiens. Je ne parle pas des Corses, très nombreux aussi ce jour-là, parce que, pendant mes quatre ans de séjour à la *Territoriale*, je me suis habitué à prononcer ces noms ronflants, interminables, toujours suivis de celui de la localité : « Paganetti de Porto-Vecchio, Bastelica de Bonifacio, Paianatchi de Barbicaglia. »

Je me plaisais à moduler ces syllabes italiennes, à leur donner toutes leurs sonorités, et je voyais bien aux airs stupéfaits de ces braves insulaires combien ils étaient charmés et surpris d'être introduits de cette façon dans la haute société continentale. Mais avec les Turcs, ces pachas, ces beys, ces effendis, j'avais bien plus de peine, et il dut m'arriver de prononcer souvent de travers, car M. Jansoulet, à deux reprises différentes, m'envoya dire de faire plus attention aux noms qu'on me donnait, et surtout d'annoncer plus naturellement. Cette observation, formulée à haute voix devant l'antichambre avec une certaine brutalité, m'indisposa beaucoup, m'empêcha — en ferai-je l'aveu? — de plaindre ce gros parvenu quand j'appris, au courant de la soirée, que de cruelles épines se glissaient dans son lit de roses.

De dix heures et demie à minuit, le timbre ne cessa de retentir, les voitures de rouler sous le porche, les invités de se succéder, députés, sénateurs, conseillers d'État, conseillers municipaux qui avaient bien plus l'air de venir à une réunion d'actionnaires qu'à une soirée de gens du monde. A quoi cela tenait-il? Je ne parvenais pas à m'en rendre compte, mais un mot du suisse Nicklauss m'ouvrit les yeux.

« Remarquez-vous, M. Passajon, me dit ce brave serviteur, debout en face de moi, la hallebarde au poing, remarquez-vous comme nous avons peu de dames ? »

C'était cela, pardieu !... Et nous n'étions pas que nous deux à faire la remarque. A chaque nouvel arrivant, j'entendais le Nabab, qui se tenait près de la porte, s'écrier avec consternation de sa grosse voix de Marseillais enrhumé :

« Tout seul ? »

L'invité s'excusait tout bas... *Mn mn mn mn*... sa dame un peu souffrante... Bien regretté certainement... Puis il en arrivait un autre ; et la même question amenait la même réponse.

A force d'entendre ce mot de « tout seul, » on avait fini par en plaisanter à l'antichambre ; chasseurs et valets de pied se le jetaient de l'un à l'autre quand entrait un invité nouveau « tout seul ! » Et l'on riait, on se faisait du bon sang... Mais M. Nicklauss, avec sa grande habitude du monde, trouvait que cette abstention à peu près générale du sexe n'était pas naturelle.

« Ça doit être l'article du *Messager*, » disait-il.

Tout le monde en parlait de ce mâtin d'article, et devant la glace entourée de fleurs où chaque invité se contrôlait avant d'entrer, je surprenais des bouts de dialogue à voix basse dans ce genre-ci :

« Vous avez lu ?

— C'est épouvantable.

— Croyez-vous la chose possible ?

— Je n'en sais rien. En tout cas, j'ai préféré ne pas amener ma femme.

— J'ai fait comme vous... Un homme peut aller partout sans se compromettre...

— Certainement... Tandis qu'une femme... »

Puis ils entraient, le claque sous le bras, avec cet air vainqueur des hommes mariés que leurs épouses n'accompagnent pas.

Quel était donc ce journal, cet article terrible qui menaçait à ce point l'influence d'un homme si riche ? Malheureusement mon service me retenait ; je ne pouvais descendre à l'office ni au vestiaire pour m'informer, causer avec ces cochers, ces valets, ces chasseurs que je voyais debout au pied de l'escalier s'amusant à brocarder les gens qui montaient... Qu'est-ce que vous voulez ? Les maîtres sont trop esbrouffeurs aussi. Comment ne pas rire en voyant passer, l'air insolent et le ventre creux, le marquis et la marquise de Bois-l'Héry, après tout ce qu'on nous a conté sur les trafics de monsieur et les toilettes de madame ? Et le ménage Jenkins si tendre, si uni, le docteur attentionné mettant à sa dame une dentelle sur les épaules de peur qu'elle s'enrhume dans l'escalier; elle souriante et attifée, tout en velours, long comme ça de traîne, s'appuyant au bras de son mari de l'air de dire : « Comme je suis bien, » quand je sais, moi, que depuis la mort de l'Irlandaise, sa vraie légitime, le docteur médite de se débarrasser de son vieux crampon pour pouvoir épouser une jeunesse, et que le vieux crampon passe les nuits à se désoler, à ronger de larmes ce qu'il lui reste de beauté.

Le plaisant, c'est que pas une de ces personnes ne se doutait des bons quolibets, des blagues qu'on leur crachait dans le dos au passage, de ce que la queue des robes ramassait de saletés sur le tapis du vestibule, et tout ce monde-là vous avait des mines dédaigneuses à mourir de rire.

Les deux dames que je viens de nommer, l'épouse du gouverneur, une petite Corse à qui ses gros sourcils, ses dents blanches, ses joues luisantes et noires en dessous donnaient l'air d'une Auvergnate débarbouillée, bonne pâte du reste, et riant tout le temps excepté quand son mari regarde les autres femmes, plus quelques Levantines aux diadèmes d'or ou de perles, moins réussies que la nôtre, mais toujours dans le même genre, des femmes de tapissiers, de joailliers, fournisseurs habituels de la maison, avec des épaules larges comme des devantures et des toilettes où la marchandise n'avait pas été épargnée ; enfin quelques ménages d'employés de la *Territoriale* en robes pleurardes et la queue du diable dans leur poche, voilà ce qui représentait le beau sexe de la réunion, une trentaine de dames noyées dans un millier d'habits noirs, autant dire qu'il n'y en avait pas. De temps à autre, Cassagne, Laporte, Grandvarlet qui faisaient le service des plateaux nous mettaient au courant de ce qui se passait dans les salons.

« Ah ! mes enfants, si vous voyiez ça, c'est d'un noir, c'est d'un lugubre... Les hommes ne démarrent pas des buffets. Les dames sont toutes dans le fond, assises en rond, à s'éventer sans rien dire. La Grosse ne parle à personne. Je crois qu'elle pionce... C'est monsieur qui fait une tête !... Allons, père Passajon, un verre de Château-larose... Ça vous donnera du ton. »

Elle était charmante envers moi, toute cette jeunesse, et prenait un malin plaisir à me faire les honneurs de la cave, si souvent et à si grands coups que ma langue commençait à devenir lourde, incertaine ; et comme me disaient ces jeunes gens dans leur langage un peu libre : « Mon oncle, vous bafouillez. » Heureusement que le dernier des effendis venait d'arriver et qu'il n'y avait plus personne à annoncer ; car, j'avais beau m'en défendre chaque fois que je m'avançais entre les tentures pour jeter un nom à la grande volée, je voyais les lustres des salons tourner en rond avec des centaines de milliers de lumières papillotantes, et les parquets partir de biais glissants et droits comme des montagnes russes. Je devais bafouiller, c'est sûr.

L'air vif de la nuit, quelques ablutions à la pompe de la cour eurent vite raison de ce petit malaise, et, quand j'entrai au vestiaire, il n'en paraissait plus. Je trouvai nombreuse et joyeuse compagnie autour d'une « marquise » au champagne dont toutes mes nièces, en grande tenue, cheveux bouffants et cravates de ruban rose, prenaient très bien leur part malgré des cris, de petites grimaces ravissantes qui ne trompaient personne. Naturellement on parlait du fameux article, un article de Moëssard, à ce qu'il paraît, plein de révélations épouvantables sur toutes sortes de métiers déshonorants qu'aurait faits le Nabab, il y a quinze ou vingt ans, à son premier séjour à Paris.

C'était la troisième attaque de ce genre que le *Messager* publiait depuis huit jours, et ce gueux de Moëssard avait la malice d'envoyer chaque fois le numéro sous bande place Vendôme.

M. Jansoulet recevait cela le matin avec son chocolat ; et à la même heure ses amis et ses ennemis, car un homme comme le Nabab ne saurait être indifférent à aucun, lisaient, commentaient, se traçaient vis-à-vis de lui une ligne de conduite pour ne pas se compromettre. Il faut croire que l'article d'aujourd'hui était bien tapé tout de même ; car Jansoulet le cocher nous racontait que tantôt au Bois son maître n'avait pas échangé dix saluts en dix tours de lac, quand ordinairement il ne garde pas plus son chapeau sur sa tête qu'un souverain en promenade. Puis, lorsqu'ils sont rentrés, voilà une autre affaire. Les trois garçons venaient d'arriver à la maison, tout en larmes et consternés, ramenés du collège Bourdaloue par un bon Père, dans l'intérêt même de ces pauvres petits, auxquels on avait donné un congé temporaire pour leur éviter d'entendre au parloir ou dans la cour quelques méchants propos, une allusion blessante. Là-dessus le Nabab s'est mis dans une fureur terrible qui lui a fait démolir un service de porcelaine, et il paraît que sans M. de Géry il serait allé tout d'un pas casser la tête au Moëssard.

« Et qu'il aurait bien fait, dit M. Noël entrant sur ces derniers mots, très animé, lui aussi... Il n'y a pas une ligne de vraie dans l'article de ce coquin. Mon maître n'était jamais venu à Paris avant l'année dernière. De Tunis à Marseille, de Marseille à Tunis, voilà tous ses voyages. Mais cette fripouille de journaliste se venge de ce que nous lui avons refusé vingt mille francs.

— En cela vous avez eu grand tort, fit alors M. Francis, le Francis à Monpavon, ce vieil élégant dont l'unique dent branle au milieu de la bouche à chaque mot qu'il dit, mais que ces demoiselles regardent tout de même d'un œil favorable à cause de ses belles manières... Oui, vous avez eu tort. Il faut savoir ménager les gens, tant qu'ils peuvent nous servir ou nous nuire. Votre Nabab a tourné trop vite le dos à ses amis après le succès; et de vous à moi, mon cher, il n'est pas assez fort pour se payer de ces coups-là. »

Je crus pouvoir prendre la parole à mon tour :

— Ça, c'est vrai, M. Noël, que votre bourgeois n'est plus le même depuis son élection. Il a adopté un ton, des manières. Avant-hier, à la *Territoriale,* il nous a fait un branle-bas dont on n'a pas d'idée. On l'entendait crier en plein conseil : « Vous m'avez menti, vous m'avez volé et rendu voleur autant que vous... Montrez-moi vos livres, tas de drôles. » S'il a traité le Moëssard de cette façon, je ne m'étonne plus que l'autre se venge dans son journal.

— Mais, enfin, qu'est-ce qu'il dit cet article, demanda M. Barreau, qui est-ce qui l'a lu?

Personne ne répondit. Plusieurs avaient voulu l'acheter; mais à Paris le scandale se vend comme du pain. A dix heures du matin, il n'y avait plus un numéro du *Messager* sur la place.

Alors une de mes nièces, une délurée, s'il en fut, eut l'idée de chercher dans la poche d'un de ces nombreux pardessus qui garnissaient le vestiaire, bien alignés dans des casiers. Au premier qu'elle atteignit :

« Le voilà ! dit l'aimable enfant d'un air de triomphe en tirant un *Messager* froissé aux plis comme une feuille qu'on vient de lire.

— En voilà un autre ! » cria Tom Bois-l'Héry, qui cherchait de son côté. Troisième pardessus, troisième *Messager*. Et dans tous la même chose ; fourré au fond des poches ou laissant dépasser son titre, le journal était partout comme l'article devait être dans toutes les mémoires, et l'on se figurait le Nabab là-haut échangeant des phrases aimables avec ses invités qui auraient pu lui réciter par cœur les horreurs imprimées sur son compte. Nous rîmes tous beaucoup à cette idée ; mais il nous tardait de connaître à notre tour cette page curieuse.

— Voyons, père Passajon, lisez-nous ça tout haut. »

C'était le vœu général et j'y souscrivis.

Je ne sais si vous êtes comme moi, mais quand je lis haut, je me gargarise avec ma voix, je fais des nuances et des fioritures, de telle sorte que je ne comprends rien à ce que je dis, comme ces chanteurs à qui le sens des phrases importe peu pourvu que la note y soit... Cela s'appelait « le Bateau de fleurs... » Une histoire assez embrouillée avec des noms chinois, où il était question d'un mandarin très riche, nouvellement passé de 1re classe, et qui avait tenu dans les temps un « bateau de fleurs » amarré tout au bout de la ville près d'une barrière fréquentée par les guerriers... Au dernier mot de l'article, nous n'étions pas plus avancés qu'au commencement. On essayait bien de cligner de l'œil, de faire le malin ; mais, franchement, il n'y avait pas de quoi. Un vrai rébus sans image ; et nous serions encore plantés devant, si le vieux Francis, qui décidément est un mâtin pour ses connaissances de toutes sortes, ne nous avait expliqué que cette barrière aux guerriers devait être l'École militaire et que le « bateau de fleurs » n'avait pas un aussi joli nom que ça en bon français. Et ce nom il le dit tout haut malgré les dames... Quelle explosion de cris, de « ah !, » de « oh !, » les uns disant : « Je m'en doutais... » Les autres : « Ça n'est pas possible... »

« Permettez, ajouta Francis, ancien trompette au 9e lanciers, le régiment de Mora et de Monpavon, permettez... Il y a une vingtaine d'années, à mon dernier semestre, j'ai été caserné à l'École militaire, et je me rappelle très bien qu'il y avait près de la barrière un sale bastringue appelé le bal Jansoulet avec un petit garni au dessus et des chambres à cinq sous l'heure où l'on passait entre deux contredanses...

— Vous êtes un infâme menteur, dit M. Noël hors de lui, filou et menteur comme votre maître, Jansoulet n'est jamais venu à Paris avant cette fois. »

Francis était assis un peu en dehors du cercle que nous faisions tous autour de la « marquise, » en train de siroter quelque chose de doux parce que le champagne lui fait mal aux nerfs et puis que ce n'est pas une boisson assez chic. Il se leva gravement, sans quitter son verre, et, s'avançant vers M. Noël, il lui dit d'un air posé :

« Vous manquez de tenue, mon cher. Déjà l'autre soir, chez vous, j'ai trouvé votre ton grossier et malséant. Cela ne sert à rien d'insulter les gens, d'autant que je suis prévôt de salle, et que, si nous menions les choses plus loin, je pourrais vous fourrer deux pouces de fer dans le corps à l'endroit qu'il me plairait; mais je suis bon garçon. Au lieu d'un coup d'épée, j'aime mieux vous donner un conseil dont votre maître pourra tirer profit. Voici ce que je ferais à votre place : j'irais trouver Moëssard et je l'achèterais sans marchander. Hemerlingue lui a donné vingt mille francs pour parler, je lui en offrirais trente mille pour se taire.

— Jamais... jamais..., vociféra M. Noël... J'irai plutôt lui dévisser la tête à ce scélérat de bandit.

— Vous ne dévisserez rien du tout. Que la calomnie soit vraie ou fausse, vous en avez vu l'effet ce soir. C'est un échantillon des plaisirs qui vous attendent. Que voulez-vous, mon cher? Vous avez jeté trop tôt vos béquilles et prétendu marcher tout seuls. C'est bon quand on est d'aplomb, ferme sur ses jambes; mais quand on n'a pas déjà le pied très solide, et qu'on a le malheur de sentir Hemerlingue à ses trousses, mauvaise affaire... Avec ça votre patron commence à manquer d'argent : il a fait des billets au vieux Schwalbach, et ne me parlez pas d'un Nabab qui fait des billets. Je sais bien que vous avez des tas de millions restés là-bas; mais il faudrait être validé pour y toucher, et encore quelques articles comme celui d'aujourd'hui, je vous réponds que vous n'y parviendrez pas... Vous prétendez lutter avec Paris, mon bon, mais vous n'êtes pas de taille, vous n'y connaissez rien. Ici nous ne sommes pas en Orient, et si on ne tord pas le cou aux gens qui vous déplaisent, si on ne les jette pas à l'eau dans un sac de cuir, on a d'autres façons de les faire disparaître. Noël, que votre maître y prenne garde... Un de ces matins Paris l'avalera comme j'avale cette prune, sans cracher le noyau ni la peau! »

Il était terrible, ce vieux, et malgré son maquillage je me sentais venir du respect pour lui. Pendant qu'il parlait, on entendait là-haut la musique, les chants de la soirée, et sur la place les chevaux des municipaux qui secouaient leurs gourmettes. Du dehors, notre fête devait avoir beaucoup d'éclat, toute flambante de ses milliers de bougies, le grand portail illuminé. Et quand on pense que la ruine était peut-être là-dessous! Nous nous tenions là dans le vestibule comme des rats qui se consultent à fond de cale, quand le navire commence à faire eau sans que l'équipage s'en doute encore, et je voyais bien que laquais et filles de chambre, tout ce monde ne serait pas long à décamper à la première alerte... Est-ce qu'une catastrophe pareille serait possible?... Mais alors, moi, qu'est-ce que je deviendrais, et la *Territoriale*, et mes avances, et mon arriéré?...

Il m'a laissé froid dans le dos, ce Francis.

XVI

UN HOMME PUBLIC

La chaleur lumineuse d'une claire après-midi de mai tiédissait en vitrages de serre les hautes croisées de l'hôtel de Mora, dont les transparents de soie bleue se voyaient du dehors entre les branches, et ses larges terrasses, où les fleurs exotiques sorties pour la première fois de la saison couraient en bordure tout le long du quai. Les grands râteaux traînant parmi les massifs du jardin traçaient dans le sable des allées les pas légers de l'été, tandis que le bruit fin des pommes d'arrosage sur la verdure des pelouses semblait sa chanson rafraîchissante.

Tout le luxe de la résidence princière s'épanouissait dans l'heureuse douceur de la température, empruntant une beauté grandiose au silence, au repos de cette heure méridienne, la seule où l'on n'entendît pas le roulement des voitures sous les voûtes, le battement des grandes portes d'antichambre et cette vibration perpétuelle que faisait courir dans le lierre des murailles le tirage des timbres d'arrivée ou de sortie, comme la palpitation fiévreuse de la vie d'une maison mondaine. On savait que jusqu'à trois heures le duc recevait au ministère, que la duchesse, une Suédoise encore engourdie des neiges de Stockholm, sortait à peine de ses courtines somnolentes; aussi personne ne venait, visiteurs ni solliciteurs, et les valets de pied, perchés comme des flamants sur les marches du perron désert, l'animaient seuls de l'ombre grêle de leurs longues jambes et de leur bâillant ennui d'oisiveté.

Par exception pourtant ce jour-là le coupé marron de Jenkins attendait dans un coin de la cour. Le duc, souffrant depuis la veille, s'était senti plus mal en sortant de table, et bien vite avait mandé l'homme aux perles pour l'interroger sur son état singulier. De douleur nulle part, du sommeil et de l'appétit comme à l'ordinaire; seulement une lassitude incroyable et l'impression d'un froid terrible que rien ne pouvait dissiper. Ainsi en ce moment, malgré le beau soleil printanier qui inondait sa chambre et pâlissait la flambée montant dans la cheminée comme au cœur de l'hiver, le duc grelottait sous ses fourrures bleues, entre ses petits paravents, et, tout en donnant des signatures à un attaché de son cabinet sur une table basse en laque doré qui s'écaillait, tellement elle était près du feu, il tendait à chaque instant ses doigts engourdis vers la flamme, qui aurait pu les brûler à la surface sans rendre une circulation de vie à leur rigidité blafarde.

Était-ce l'inquiétude causée par le malaise de son illustre client? Mais Jenkins paraissait nerveux, frémissant, arpentait les tapis, à grands pas, furetant, flairant de droite et de gauche, cherchant dans l'air quelque chose qu'il croyait y être, quelque chose de subtil et d'insaisissable comme la trace d'un parfum ou le sillon invisible que laisse un passage d'oiseau. On entendait le pétillement du bois dans la cheminée, le bruit des papiers feuilletés à la hâte, la voix indolente du duc indiquant d'un mot toujours précis et net une réponse à une lettre de quatre pages, et les monosyllabes respectueux de l'attaché : « Oui, monsieur le ministre... Non, monsieur le ministre, » puis le grincement d'une plume rebelle et lourde. Dehors, les hirondelles sifflaient joyeusement au-dessus de l'eau, une clarinette jouait vers les ponts.

« C'est impossible, dit tout à coup le ministre d'État en se levant... Emportez ça, Lartigues; vous reviendrez demain... Je ne peux pas écrire... J'ai trop froid... Tenez, docteur, tâtez mes mains, si on ne dirait pas qu'elles sortent d'un seau d'eau frappée... Depuis deux jours, tout mon corps est ainsi... Est-ce assez ridicule avec le temps qu'il fait !

— Ça ne m'étonne pas... grommela l'Irlandais d'un ton maussade et bref, peu ordinaire chez ce melliflu. »

La porte s'était refermée sur le jeune attaché remportant ses paperasses avec une raideur majestueuse, mais bien heureux, j'imagine, de se sentir détaché et de pouvoir, avant de retourner au ministère, flâner une heure ou deux dans les Tuileries, pleines de toilettes printanières et de jolies filles assises autour des chaises encore vides de la musique, sous les marronniers en fleurs où courait des pieds à la cime le grand frisson du mois des nids. Il n'était pas gelé, lui, l'attaché...

Jenkins, silencieux, examinait son malade, auscultait, percutait, puis, sur ce même ton de rudesse que pouvait à la rigueur expliquer son affection inquiète, l'irritation du médecin qui voit ses instructions transgressées :

« Ah ça ! mon cher duc, quelle vie faites-vous donc depuis quelque temps? »

Il savait par des racontars d'antichambre —

chez ses clients familiers, le docteur ne les dédaignait pas — il savait que le duc avait une *nouvelle,* que ce caprice de fraîche date le possédait, l'agitait d'une façon extraordinaire, et cela joint à d'autres remarques faites ailleurs mettait dans l'esprit de Jenkins un soupçon, un désir fou de connaître le nom de cette *nouvelle.* C'est ce qu'il essayait de deviner sur le front pâli de son malade, cherchant le fond de sa pensée bien plus que le fond de son mal. Mais il avait affaire à un de ces visages d'hommes a bonnes fortunes, hermétiquement clos comme les coffrets à secret qui contiennent des bijoux et des lettres de femmes, une de ces discrétions fermées d'un regard froid et bleu, regard d'acier où se brisent les perspicacités astucieuses.

« Vous vous trompez, docteur, répondit l'Excellence tranquillement... Je n'ai rien changé à mes habitudes.

— Eh bien ! monsieur le duc, vous avez eu tort, fit l'Irlandais avec brutalité, furieux de ne rien découvrir. »

Et tout de suite sentant qu'il allait trop loin, il délaya sa mauvaise humeur et la sévérité de son diagnostic dans une tisane de banalités, d'axiomes... Il fallait prendre garde... La médecine n'était pas de la magie... La puissance des perles Jenkins s'arrêtait aux forces humaines, aux nécessités de l'âge, aux ressources de la nature qui, malheureusement, ne sont pas inépuisables. Le duc l'interrompit d'un ton nerveux :

— Voyons, Jenkins, vous savez bien que je n'aime pas les phrases... Ça ne va donc pas par là?... Qu'est-ce que j'ai?... D'où vient ce froid?

— C'est de l'anémie, de l'épuisement... une baisse d'huile dans la lampe.

— Que faut-il faire?

— Rien. Un repos absolu... Manger, dormir, pas plus... Si vous pouviez aller passer quelques semaines à Grandbois...

Mora haussa les épaules :

— Et la Chambre, et le Conseil, et...? Allons donc! Est-ce que c'est possible?

— En tout cas, monsieur le duc, il faut enrayer, comme disait l'autre, renoncer absolument... »

Jenkins fut interrompu par l'entrée de l'huissier de service qui discrètement sur la pointe des pieds, comme un maître de danse, venait remettre une lettre et une carte au ministre d'État toujours frissonnant devant le feu. En voyant cette enveloppe d'un gris de satin, d'une forme originale, l'Irlandais tressaillit involontairement, tandis que le duc, sa lettre ouverte et parcourue, se levait ragaillardi, ayant aux joues ces couleurs légères de santé factice que toute l'ardeur du brasier n'avait pu lui donner.

— Mon cher docteur, il faut à tout prix...

L'huissier, debout, attendait.

— Qu'est-ce qu'il y a?... Ah! oui, cette carte... Faites entrer dans la galerie. J'y vais. »

La galerie du duc de Mora, ouverte aux visiteurs deux fois par semaine, était pour lui comme un terrain neutre, un endroit public où il pouvait voir n'importe qui sans s'engager ni se compromettre... Puis, l'huissier dehors :

— Jenkins, mon bon, vous avez déjà fait des miracles pour moi. Je vous en demande un encore. Doublez la dose de mes perles, inventez quelque chose, ce que vous voudrez... Mais il faut que je sois alerte pour dimanche... Vous m'entendez, tout à fait alerte.

Et, sur la petite lettre qu'il tenait, ses doigts réchauffés et fiévreux se crispaient avec un frémissement de convoitise.

— Prenez garde, M. le duc, dit Jenkins, très pâle, les lèvres serrées, je ne voudrais pas vous alarmer outre mesure sur votre état de faiblesse, mais il est de mon devoir...

Mora eut un joli sourire d'insolence :

— Votre devoir et mon plaisir sont deux, mon brave. Laissez-moi brûler ma vie, si cela m'amuse. Je n'ai jamais eu d'aussi belle occasion que cette fois.

Il tressaillit :

— La duchesse...

Une porte sous tenture venait de s'ouvrir

livrant passage à une folle petite tête ébouriffée en blond, toute vaporeuse dans les dentelles et les franfreluches d'un saut-du-lit princier :

« Qu'est-ce qu'on m'apprend? Vous n'êtes pas sorti?... Mais grondez-le donc, docteur. N'est-ce pas qu'il a tort de tant s'écouter?... Regardez-le. Une mine superbe.

— Là... Vous voyez, dit le duc, en riant, à l'Irlandais... Vous n'entrez pas, duchesse?

— Non, je vous enlève, au contraire. Mon oncle d'Estaing m'a envoyé une cage pleine d'oiseaux des îles. Je veux vous les montrer... Des merveilles de toutes les couleurs, avec de petits yeux en perles noires... Et frileux, frileux, presque autant que vous.

— Allons voir ça, dit le ministre. Attendez-moi, Jenkins. Je reviens. »

Puis, s'apercevant qu'il tenait toujours sa lettre à la main, il la jeta négligemment dans le tiroir de sa petite table aux signatures et sortit derrière la duchesse, avec son beau sang-froid de mari habitué à ces évolutions.

Quel prodigieux ouvrier, quel fabricant de joujoux incomparable a pu douer le masque humain de sa souplesse de ressorts, de son élasticité merveilleuse? Rien de joli comme cette figure de grand seigneur surpris son adultère aux dents, les pommettes enflammées par des mirages de voluptés promises, et s'apaisant à la minute dans une sérénité de tendresse conjugale; rien de plus beau que l'obséquiosité béate, le sourire paterne à la Franklin, de Jenkins en présence de la duchesse, faisant place, tout à coup, lorsqu'il se trouva seul, à une farouche expression de colère et de haine, une pâleur de crime, la pâleur d'un Castaing ou d'un Lapommerais roulant ses trahisons sinistres.

Un coup d'œil rapide à chacune des deux portes et, tout de suite, il fut devant le tiroir plein de papiers précieux, où la petite clef d'or restait à demeure avec une négligence insolente qui semblait dire : « On n'osera pas. »

Jenkins osa, lui.

La lettre était là, sur un tas d'autres, la première. Le grain du papier, trois mots d'adresse jetés d'une écriture simple et hardie, et puis le parfum, ce parfum grisant, évocateur, l'haleine même de sa bouche divine... C'était donc vrai, son amour jaloux ne l'avait pas trompé, ni la gêne qu'on éprouvait devant lui depuis quelque temps, ni les airs cachottiers et rajeunis de Constance, ni ces bouquets magnifiquement épanouis dans l'atelier comme à l'ombre mystérieuse d'une faute... Cet orgueil indomptable se rendait donc enfin? Mais alors pourquoi pas lui, Jenkins? Lui qui l'aimait depuis si longtemps, depuis toujours, qui avait dix ans de moins que l'autre et qui ne grelottait pas, certes!... Toutes ces pensées lui traversaient la tête, comme des fers de flèche lancés d'un arc infatigable. Et, criblé, déchiré, les yeux aveuglés de sang, il restait là, regardant la petite enveloppe satinée et froide qu'il n'osait pas ouvrir de peur de s'enlever un dernier doute, quand un bruissement de tenture, qui lui fit vivement rejeter la lettre et refermer le tiroir merveilleusement ajusté de la table de laque, l'avertit que quelqu'un venait d'entrer.

— Tiens! c'est vous, Jansoulet, comment êtes-vous là?

— Son Excellence m'a dit de venir l'attendre dans sa chambre, » répondit le Nabab très fier d'être introduit ainsi dans l'intimité des appartements, à une heure surtout où l'on ne recevait pas. Le fait est que le duc commençait à montrer une réelle sympathie à ce sauvage. Pour plusieurs raisons : d'abord il aimait les audacieux, les affronteurs, les aventuriers à bonne étoile. N'en était-il pas un lui-même? Puis le Nabab l'amusait; son accent, ses manières rondes, sa flatterie un peu brutale et impudente le reposaient de l'éternel convenu de l'entourage, de ce fléau administratif et courtisanesque dont il avait horreur, — la phrase, — si grande horreur qu'il n'achevait jamais la période commencée. Le Nabab, lui, avait à finir les siennes un imprévu parfois plein de surprises; avec cela très beau joueur, perdant sans sourciller au cercle de la rue Royale des parties d'écarté à cinq mille francs la fiche. Et si commode quand on voulait se débarrasser d'un tableau, toujours prêt à l'acheter, n'importe à quel prix. A ces motifs de sympathie condescendante était venu se joindre en ces derniers temps un sentiment de pitié et d'indignation en face de l'acharnement qu'on mettait à poursuivre ce malheureux, de cette guerre lâche et sans merci, si bien menée que l'opinion publique, toujours crédule et le cou tendu pour prendre le vent, commençait à s'influencer sérieusement. Il faut rendre cette justice à Mora qu'il n'était pas un suiveur de foule. En voyant dans un coin de la galerie la figure toujours bonasse mais un peu piteuse et déconfite du Nabab, il s'était trouvé lâche de le recevoir là et l'avait fait monter dans sa chambre.

Jenkins et Jansoulet, assez gênés en face l'un de l'autre, échangèrent quelques paroles banales. Leur grande amitié s'était bien refroidie depuis quelque temps, Jansoulet ayant refusé net tout nouveau subside à l'œuvre de Bethléem, ce qui laissait l'affaire sur les bras de l'Irlandais, furieux de cette défection, bien plus furieux encore à cette minute de n'avoir pu ouvrir la lettre de Félicia avant l'arrivée de l'intrus. Le Nabab de son côté se demandait si le docteur allait assister à la conversation qu'il désirait avoir avec le duc au sujet des allusions infâmes dont le *Messager* le poursuivait, inquiet aussi de savoir si ces calomnies n'avaient pas refroidi ce souverain bon vouloir qui lui était si nécessaire au moment de la vérification. L'accueil reçu dans la galerie l'avait à demi tranquillisé; il le fut tout à fait, quand le duc rentra et vint vers lui, la main tendue :

— Eh bien! mon pauvre Jansoulet, j'espère que Paris vous fait payer cher la bienvenue. En voilà des criailleries, et de la haine, et des colères.

— Ah! M. le duc, si vous saviez...

— Je connais..., j'ai lu..., dit le ministre se rapprochant du feu.

— J'espère bien que Votre Excellence ne croit pas ces infamies... D'ailleurs j'ai là... J'apporte la preuve. »

De ses fortes pattes velues, tremblantes d'émotion, il fouillait dans les papiers d'un énorme portefeuille en chagrin qu'il tenait sous le bras.

— Laissez... laissez... Je suis au courant de tout cela... Je sais que volontairement ou non on vous confond avec une autre personne, que des considérations de famille... »

Devant l'effarement du Nabab, stupéfait de le voir si bien renseigné, le duc ne put s'empêcher de sourire :

— Un ministre d'État doit tout savoir... Mais

soyez tranquille. Vous serez validé quand même. Et une fois validé...

Jansoulet eut un soupir de soulagement :

— Ah ! monsieur le duc, que vous me faites du bien en me parlant ainsi. Je commençais à perdre toute confiance... Mes ennemis sont si puissants... Avec ça une mauvaise chance. Comprenez vous que c'est justement Le Merquier qui est chargé de faire le rapport sur mon élection.

— Le Merquier?... diable!...

— Oui, Le Merquier, l'homme d'affaires d'Hemerlingue, ce sale cafard qui a converti la baronne, sans doute parce que sa religion lui défendait d'avoir pour maîtresse une musulmane.

— Allons, allons, Jansoulet...

— Que voulez-vous, monsieur le duc?... La colère vous vient, aussi... Songez à la situation où ces misérables me mettent... Voilà huit jours que je devrais être validé et qu'ils font exprès de reculer la séance, parce qu'ils savent la terrible position dans laquelle je me trouve, toute ma fortune paralysée, le bey qui attend la décision de la Chambre pour savoir s'il peut ou non me détrousser... J'ai quatre-vingts millions là-bas, monsieur le duc, et ici je commence à tirer la langue... Pour peu que cela dure...

Il essuya les grosses gouttes de sueur qui coulaient sur ses joues.

— Eh bien! moi, j'en fais mon affaire de cette validation, dit le ministre avec une certaine vivacité... Je vais écrire à Chose de presser son rapport; et quand je devrais me faire porter à la Chambre...

— Votre Excellence est malade? demanda Jansoulet sur un ton d'intérêt qui n'avait rien de menteur, je vous jure.

— Non... un peu de faiblesse... Nous manquons de sang; mais Jenkins va nous en rendre... N'est-ce pas, Jenkins?

L'Irlandais, qui n'écoutait pas, eut un geste vague.

— Tonnerre! Moi qui en ai trop, du sang...» Et le Nabab élargissait sa cravate autour de son cou gonflé, apoplectisé par l'émotion, la chaleur de la pièce... « Si je pouvais vous en céder un peu, monsieur le duc.

— Ce serait un bonheur pour tous deux, fit le ministre d'État avec une pâle ironie... Pour vous surtout qui êtes un violent et qui dans ce moment-ci auriez besoin de tant de calme... Prenez garde à cela, Jansoulet. Méfiez-vous des emballements, des coups de colère où l'on voudrait vous pousser... Dites-vous bien maintenant que vous êtes un homme public, monté sur une estrade, et dont on voit de loin tous les gestes... Les journaux vous injurient, ne les lisez pas si vous ne pouvez cacher l'émotion qu'ils vous causent... Ne faites pas ce que j'ai fait, moi, avec mon aveugle du pont de la Concorde, cet affreux joueur de clarinette qui me gâte ma vie depuis dix ans à me seriner tout le jour : « *De tes fils, Norma...* » J'ai tout essayé pour le faire partir de là, l'argent, les menaces. Rien n'a pu le décider... La police? Ah! bien oui... Avec les idées modernes, ça devient toute une affaire de déménager un aveugle de dessus son pont... Les journaux de l'opposition en parleraient, les Parisiens en feraient une fable... *Le Savetier et le Financier... Le Duc et la Clarinette...* Il faut que je me résigne... C'est ma faute, du reste. Je n'aurais pas dû montrer à cet homme qu'il m'agaçait... Je suis sûr que mon supplice est la moitié de sa vie maintenant. Tous les matins il sort de son bouge avec son chien, son pliant, son affreuse musique, et se dit : « Allons embêter le duc de Mora. » Pas un jour il n'y manque, le misérable... Tenez! si j'entr'ouvrais seulement la fenêtre, vous entendriez ce déluge de petites notes aigres par-dessus le bruit de l'eau et des voitures... Eh bien! ce journaliste du *Messager* c'est votre clarinette, à vous; si vous lui laissez voir que sa musique vous fatigue, il n'en finira jamais... Là-dessus, mon cher député, je vous rappelle que vous avez réunion à trois heures dans les bureaux, et je vous renvoie bien vite à la Chambre.

Puis, se tournant vers Jenkins :

— Vous savez ce que je vous ai demandé, docteur... Des perles pour après-demain... Et carabinées !...

Jenkins tressaillit, se secoua comme au saut d'un rêve :

— C'est entendu, mon cher duc, on va vous donner du souffle... Oh ! mais du souffle... à gagner le grand prix du Derby. »

Il salua et sortit en riant, un vrai rire de loup aux dents écartées et toutes blanches. Le Nabab prit congé à son tour, le cœur plein de gratitude, mais n'osant rien en laisser voir à ce sceptique, en qui toute démonstration éveillait une méfiance. Et le ministre d'État resté seul, pelotonné devant le feu grésillant et brûlant, abrité dans la chaleur capitonnée de son luxe, doublée ce jour-là par la caresse fiévreuse d'un beau soleil de mai, se remettait à grelotter, à grelotter si fort que la lettre de Félicia, rouverte au bout de ses doigts blêmes, et qu'il lisait énamouré, tremblait avec des froissements soyeux d'étoffe.

C'est une situation bien singulière que celle d'un député dans la période qui suit son élection et précède — comme on dit en jargon parlementaire — la vérification des pouvoirs. Un peu l'alternative du nouveau marié pendant les vingt-quatre heures séparant le mariage à la mairie de sa consécration par l'église. Des droits dont on ne peut user, un demi-bonheur, des demi-pouvoirs, la gêne de se tenir en deçà ou au delà, le manque d'assiette précise. On est marié sans l'être, député sans en être bien sûr; seulement, pour le député, cette incertitude se prolonge des jours et des semaines, et comme plus elle dure, plus la validation devient problématique, c'est un supplice pour l'infortuné représentant à l'essai d'être obligé de venir à la Chambre, d'occuper une place qu'il ne gardera peut-être pas, d'entendre des discussions dont il est exposé à ne pas connaître la fin, de fixer dans ses yeux, dans ses oreilles le délicieux souvenir des séances parlementaires avec leur houle de fronts chauves ou apoplectiques, leur brouhaha de papier froissé, de cris d'huissiers, de couteaux de bois tambourinant sur les tables, de bavardages particuliers où la voix de l'orateur se détache en solo tonnant ou timide sur un accompagnement continu.

Cette situation, déjà si énervante, se compliquait pour le Nabab de ces calomnies d'abord chuchotées, imprimées maintenant, circulant à des milliers d'exemplaires et qui lui valaient d'être tacitement mis en quarantaine par ses collègues. Les premiers jours il allait, venait, dans les couloirs, à la bibliothèque, à la buvette, à la salle des conférences, comme les autres, ravi de poser ses pas dans tous les coins de ce majestueux dédale; mais inconnu de la plupart, renié par quelques membres du cercle de la rue Royale qui l'évitaient, détesté de toute la coterie cléricale dont Le Merquier était le chef, et du monde financier hostile à ce milliardaire puissant sur la hausse et la baisse comme ces bateaux de fort tonnage qui déplacent les eaux d'un port, son isolement ne faisait que s'accentuer en changeant de place, et la même inimitié l'accompagnait partout.

Ses gestes, son allure en gardaient quelque chose de contraint, une sorte de méfiance hésitante. Il se sentait surveillé. S'il entrait un moment à la buvette, dans cette grande salle claire ouverte sur les jardins de la présidence, qui lui plaisait parce que là, devant ce large comptoir de marbre blanc chargé de boissons et de vivres, les députés perdaient de leurs grands airs imposants, la morgue législative se faisait plus familière, rappelée au naturel par la nature, il savait que le lendemain une note railleuse, offensante, paraîtrait dans le *Messager*, le présentant à ses lecteurs comme « un humeur de piot » émérite.

Encore une gêne pour lui, ces terribles électeurs.

Ils arrivaient par bandes, envahissaient la salle des Pas-Perdus, galopaient en tous sens comme de petits chevreaux ardents et noirs, s'appelant d'un bout à l'autre de la pièce sonore : « O Pé!... O Tché!... » humant avec délices l'odeur de gouvernement, d'administration répandue, faisant des yeux doux aux ministres qui passaient, les suivant à la piste en reniflant, comme si de leurs poches vénérables, de leurs portefeuilles gonflés quelque prébende allait tomber; mais entourant surtout « Moussiou » Jansoulet de tant de pétitions exigeantes, de réclamations, de démonstrations, que, pour se débarrasser de ce tumulte gesticulant sur lequel tout le monde se retournait, qui faisait de lui comme le délégué d'une tribu de Touaregs au milieu d'un peuple civilisé, il était obligé d'implorer du regard quelque huissier de service, au fait de ces sauvetages et qui venait tout affairé lui dire « qu'on l'appelait tout de suite au huitième bureau. » Si bien que gêné partout, chassé des couloirs, des Pas-Perdus, de la buvette, le pauvre Nabab avait pris le parti de ne plus quitter son banc où il se tenait immobile et muet toute la durée de la séance.

Il avait pourtant un ami à la Chambre, un député nouvellement élu dans les Deux-Sèvres, qu'on appelait M. Sarigue, pauvre homme assez semblable à l'animal inoffensif et disgracié dont il portait le nom, avec son poil roux et grêle, ses yeux peureux, sa démarche sautillante dans ses guêtres blanches. Timide à ne pas dire deux paroles sans bredouiller, presque aphone, roulant sans cesse des boules de gomme dans sa bouche, ce qui achevait d'empâter son discours; on se demandait ce qu'un infirme pareil était venu faire à l'Assemblée, quelle ambition féminine en délire avait poussé vers les emplois publics cet être inapte à n'importe quelle fonction privée.

Par une ironie amusante du sort, Jansoulet, agité lui-même de toutes les inquiétudes de sa validation, était choisi dans le huitième bureau pour faire le rapport sur l'élection des Deux-Sèvres, et M. Sarigue, conscient de son incapacité, plein d'une peur horrible d'être renvoyé honteusement dans ses foyers, rôdait humble et suppliant autour de ce grand gaillard tout crépu dont les omoplates larges sous une mince et fine redingote se mouvaient en soufflets de forge, sans se douter qu'un pauvre être anxieux comme lui se cachait sous cette enveloppe solide.

En travaillant au rapport de l'élection des Deux-Sèvres, en dépouillant les protestations nombreuses, les accusations de manœuvre électorale, repas donnés, argent répandu, barriques de vin mises en perce à la porte des mairies, le train habituel d'une élection de ce temps-là, Jansoulet frémissait pour son propre compte. « Mais j'ai fait tout ça, moi... » se disait-il, terrifié. Ah! M. Sarigue pouvait être tranquille, jamais il n'aurait mis la main sur un rapporteur mieux intentionné, plus indulgent aussi, car le Nabab, prenant en pitié son patient, sachant par expérience combien cette angoisse d'attente est pénible, avait hâté la besogne, et l'énorme portefeuille qu'il portait sous le bras, en sortant de l'hôtel de Mora, contenait son rapport prêt à être lu au bureau.

Que ce fût ce premier essai de fonction publique, les bonnes paroles du duc ou le temps magnifique qu'il faisait dehors, délicieusement ressenti par ce Méridional aux impressions toutes physiques, habitué à évoluer au bleu du ciel et à la chaleur du soleil; toujours est-il que les huissiers du Corps législatif virent paraître ce jour-là un Jansoulet superbe et hautain qu'ils ne connaissaient pas encore. La voiture du gros Hemerlingue, entrevue à la grille, reconnaissable à la largeur inusitée de ses portières, acheva de le remettre en possession de sa vraie nature d'aplomb et toute en audace. « L'ennemi est là... Attention. » En traversant la salle des Pas-Perdus, il aperçut en effet l'homme de finance causant dans un coin avec Le Merquier le rapporteur, passa tout près d'eux et les regarda d'un air triomphant qui fit penser aux autres : « Qu'est-ce qu'il y a donc? »

Puis, enchanté de son sang-froid, il se dirigea vers les bureaux, vastes et hautes salles ouvrant à droite et à gauche sur un long corridor, et dont les grandes tables recouvertes de tapis verts, les sièges lourds et uniformes étaient empreints d'une ennuyeuse solennité. On arrivait. Des groupes se plaçaient, discutaient, gesticulaient, avec des saluts, des poignées de mains, des renversements de têtes, en ombres chinoises sur le fond lumineux des vitres. Il y avait là des gens qui marchaient le dos courbé, solitaires, comme écrasés sous le poids des pensées qui plissaient leur front. D'autres se parlaient à l'oreille, se confiant des nouvelles excessivement mystérieuses et de la dernière importance, le doigt aux lèvres, l'œil écarquillé d'une recommandation muette. Un bouquet provincial distinguait tout cela, des variétés d'intonations, violences méridionales, accents traînards du Centre, cantilènes de Bretagne, fondus dans la même suffisance imbécile et ventrue; des redingotes à la mode de Landerneau, des souliers de montagne, du linge filé dans les domaines, et des aplombs de clocher ou de cercles de petite ville, des expressions locales, des provincialismes introduits brusquement dans la langue politique et administrative, cette phraséologie flasque et incolore qui a inventé « les questions brûlantes revenant sur l'eau » et les « individualités sans mandat. »

A voir ces agités ou ces pensifs, vous eussiez dit les plus grands remueurs d'idées de la terre; malheureusement ils se transformaient les jours de séance, se tenaient cois à leur banc, peureux comme des écoliers sous la férule du maître, riant avec bassesse aux plaisanteries de l'homme d'esprit qui les présidait ou prenant la parole pour des propositions stupéfiantes, de ces interruptions à faire croire que ce n'est pas seulement un type, mais toute une race qu'Henri Monnier a stigmatisée dans son immortel croquis. Deux ou trois orateurs pour toute la Chambre, le reste sachant très bien se camper devant la cheminée d'un salon de province, après un excellent repas chez le préfet, pour dire d'une voix de nez « l'administration, Messieurs... » ou « le gouvernement de l'empereur...; » mais incapable d'aller plus loin.

D'ordinaire, le bon Nabab se laissait éblouir par ces poses, ce bruit de rouet à vide que font les importants; mais aujourd'hui lui-même se trouvait à l'unisson général. Pendant qu'assis au milieu de la table verte, son portefeuille devant lui, ses deux coudes bien étalés dessus, il lisait le rapport rédigé par de Géry, les membres du bureau le regardaient émerveillés.

C'était un résumé net, limpide et rapide de leurs travaux de la quinzaine, dans lequel ils retrouvaient leurs idées si bien exprimées qu'ils avaient grand'peine à les reconnaître. Puis, deux ou trois d'entre eux ayant trouvé que le rapport était trop favorable, qu'il glissait trop légèrement sur certaines protestations parvenues au bureau, le rapporteur prit la parole avec une assurance étonnante, la prolixité, l'abondance des gens de son pays, démontra qu'un député ne devait être responsable que jusqu'à un certain point de l'imprudence de ses agents électoraux, qu'aucune élection ne résisterait sans cela à un contrôle un peu minutieux; et, comme au fond c'était sa propre cause qu'il plaidait, il y apportait une conviction, une chaleur irrésistible, en ayant soin de lâcher de temps à autre un de ces longs substantifs blafards à mille pattes, tels que la commission les aimait.

Les autres l'écoutaient, recueillis, se communiquant leurs impressions par des hochements de tête, faisant, pour mieux fixer leur attention, des paraphes et des bonshommes sur leurs cahiers, ce qui allait bien avec le bruit écolier des couloirs, un murmure de leçons récitées, et ces tas de moineaux qu'on entendait piailler sous les croisées dans une cour dallée, entourée d'arcades, une vraie cour de collège. Le rapport adopté, on fit venir M. Sarigue pour quelques explications supplémentaires. Il arriva blême, défait, bégayant comme un criminel sans conviction, et vous auriez ri de voir de quel air d'autorité et de protection Jansoulet l'encourageait, le rassurait: « Remettez-vous donc, mon cher collègue... » Mais les membres du 8e bureau ne riaient pas. C'étaient tous ou presque tous des messieurs Sarigue dans leur genre, deux ou trois absolument ramollis, atteints d'aphasie partielle. Tant d'aplomb, tant d'éloquence les avait enthousiasmés.

Quand Jansoulet sortit du Corps législatif, reconduit jusqu'à sa voiture par son collègue reconnaissant, il était environ six heures. Le temps splendide, un beau soleil couchant sur la Seine toute en or vers le Trocadéro tenta pour un retour à pied ce plébeien robuste, à qui les convenances imposaient de monter en voiture et de mettre des gants, mais qui s'en passait le plus souvent possible. Il renvoya ses gens, et, sa serviette sous le bras, s'engagea sur le pont de la Concorde. Depuis le 1er mai, il n'avait pas éprouvé un bien-être semblable. Roulant des épaules, le chapeau un peu en arrière dans l'attitude qu'il avait vu prendre aux hommes politiques excédés, bourrelés d'affaires, laissant s'évaporer à la fraîcheur de l'air toute la fièvre laborieuse de leur cerveau, comme une usine lâche sa vapeur au ruisseau à la fin d'une journée de travail, il marchait parmi d'autres silhouettes pareilles à la sienne, visiblement sorties de ce temple à colonnes qui fait face à la Madeleine par-dessus les fontaines monumentales de la place. Sur leur passage, on se retournait, on disait : « Voilà des députés... » Et Jansoulet en ressentait une joie d'enfant, une joie de peuple faite d'ignorance et de vanité naïve.

« Demandez le *Messager*, édition du soir. »

Cela sortait du kiosque à journaux au coin du pont, à cette heure rempli de feuilles fraîches en tas que deux femmes pliaient vivement et qui sentaient bon la presse humide, les nouvelles récentes, le succès du jour ou son scandale. Presque tous les députés achetaient un numéro, en passant, le parcouraient bien vite dans l'espoir de trouver leur nom. Jansoulet, lui, eut peur d'y voir le sien et ne s'arrêta pas. Puis tout de suite il songea : « Est-ce qu'un homme public ne doit pas être au-dessus de ces faiblesses? Je suis assez fort pour tout lire maintenant. » Il revint sur ses pas et prit un journal comme ses collègues. Il l'ouvrit, très calme, droit à la place habituelle des articles de Moëssard. Justement il y en avait un. Toujours le même titre : *Chinoiseries*, et un *M* pour signature.

— Ah! ah! fit l'homme public, ferme et froid comme un marbre, avec un beau sourire méprisant. La leçon de Mora tintait encore à ses oreilles, et l'eût-il oubliée que l'air de *Norma* égrené en petites notes ironiques non loin de là aurait suffi à la lui rappeler. Seulement, tout calcul fait dans les événements hâtés de nos existences, il faut encore compter sur l'imprévu; et c'est pourquoi le pauvre Nabab sentit tout à coup un flot de sang l'aveugler, un cri de rage s'étrangler dans la contraction subite de sa gorge... Sa mère, sa vieille Françoise se trouvait mêlée cette fois à l'infâme plaisanterie du « bateau de fleurs. » Comme il visait bien, ce Moëssard, comme il savait les vraies places sensibles dans ce cœur si naïvement découvert!

« Du calme, Jansoulet, du calme... ».

Il avait beau se répéter cela sur tous les tons, la colère, une colère folle, cette ivresse de sang qui veut du sang l'enveloppait. Son premier mouvement fut d'arrêter une voiture de place pour s'y précipiter, s'arracher à la rue irritante, débarrasser son corps de la préoccupation de marcher et de se conduire, — d'arrêter une voiture comme pour un blessé. Mais ce qui encombrait la place à cette heure de rentrée générale, c'étaient des centaines de victorias, de calèches, de coupés de maître descendant de la gloire fulgurante de l'Arc-de-Triomphe vers la fraîcheur violette des Tuileries, précipités l'un sur l'autre dans la perspective penchée de l'avenue jusqu'au grand carrefour où les statues immobiles, au front leurs couronnes de tours et fermes sur leurs piédestaux, les regardaient se séparer vers le faubourg Saint-Germain, les rues Royale et de Rivoli.

Jansoulet, son journal à la main, traversait ce tumulte sans y penser, porté par l'habitude vers le cercle où il allait tous les jours faire sa partie de six à sept. Homme public, il l'était encore; mais agité, parlant tout haut, balbutiant des jurons et des menaces d'une voix subitement redevenue tendre au souvenir de la vieille bonne femme... L'avoir roulée là-dedans, elle aussi... Oh! si elle lisait, si elle pouvait comprendre... Quel châtiment inventer pour un pareil infâme... Il arrivait à la rue Royale, où s'engouffraient avec des rapidités de retour et des éclairs d'essieux, des visions de femmes voilées, de chevelures d'enfants blonds, des équipages de toutes sortes rentrant du Bois, apportant un peu de terre végétale sur le pavé de Paris et des effluves de printemps mêlées a des senteurs de poudre de riz. En face du ministère de la marine, un phaéton très haut sur ses roues légères, ressemblant assez à un grand faucheux, dont le petit groom cramponné au caisson et les deux personnes occupant le siége du devant auraient formé le corps, manqua d'accrocher le trottoir en tournant.

Le Nabab leva la tête, étouffa un cri.

A côté d'une fille peinte, en cheveux roux, coiffée d'un tout petit chapeau aux larges brides, et qui, juchée sur son coussin de cuir, conduisait le cheval des mains, des yeux, de toute sa factice personne à la fois raide et penchée en avant, se tenait, rose et maquillé aussi, fleuri sur le même fumier, engraissé aux mêmes vices, Moëssard, le joli Moëssard. La fille et le journaliste, et le plus vendu des deux, ce n'était pas elle encore ! Dominant ces femmes allongées dans leurs calèches, ces hommes qui leur faisaient face engloutis sous des volants de robes, toutes ces poses de fatigue et d'ennui que les repus étalent en public comme un mépris du plaisir et de la richesse, ils trônaient insolemment, elle très fière de promener l'amant de la reine, et lui sans la moindre honte à côté de cette créature qui raccrochait les hommes dans les allées du bout de son fouet, à l'abri, sur son siége en perchoir, des rafles salutaires de la police. Peut-être avait-il besoin, pour émoustiller sa royale maîtresse, de pavaner ainsi sous ses fenêtres en compagnie de Suzanne Bloch, dite Suze la Rousse.

— Hep!... hep donc!

Le cheval, un grand trotteur aux jambes fines, vrai cheval de cocotte, se remettait de son écart dans le droit chemin avec des pas de danse, des grâces sur place sans avancer. Jansoulet lâcha sa serviette, et comme s'il avait laissé choir en même temps toute sa gravité, son prestige d'homme public, il fit un bond terrible et sauta au mors de la bête, qu'il maintint de ses fortes mains a poils.

Une arrestation rue Royale, et en plein jour, il fallait ce Tartare pour oser un coup pareil!

— A bas, dit-il à Moëssard dont la figure s'était plaquée de vert et de jaune en l'apercevant. A bas, tout de suite...

— Voulez-vous bien lâcher mon cheval, espèce d'enflé !...

— Fouette, Suzanne, c'est le Nabab.

Elle essaya de ramasser les rênes, mais l'animal, maintenu, se cabra si vivement qu'un peu plus, comme une fronde, le fragile équipage aurait envoyé au loin tous ceux qu'il portait. Alors, furieuse d'une de ces rages de faubourg qui font éclater en ces filles tout le vernis de leur luxe et de leur peau, elle cingla le Nabab de deux coups de fouet qui glissèrent sur le visage tanné et dur, mais lui communiquèrent une expression féroce, accentuée par le nez court devenu blanc, fendu au bout comme celui d'un terrier chasseur.

— Descendez, nom de Dieu, ou je chavire tout...

Dans un remous de voitures arrêtées faute de circulation possible ou qui tournaient lentement l'obstacle avec des milliers de prunelles curieuses, parmi des cris de cochers, des cliquetis de mors, deux poignets de fer secouaient tout l'équipage...

— Saute... mais saute donc... tu vois bien qu'il va nous verser... Quelle poigne!

Et la fille regardait l'hercule avec intérêt.

A peine Moëssard eut-il mis pied à terre, avant qu'il se fût réfugié sur le trottoir où des képis noirs se hâtaient, Jansoulet se jetait sur lui, le soulevait par la nuque comme un lapin, et sans souci de ses protestations, de ses bégaiements effarés :

— Oui, oui, je te rendrai raison, misérable... Mais avant, je veux te faire ce qu'on fait aux bêtes malpropres pour qu'elles n'y reviennent plus...

Et rudement il se mit à le frotter, à le débarbouiller de son journal qu'il tenait en tampon et dont il l'étouffait, l'aveuglait avec des écorchures où le fard saignait. On le lui arracha des mains, violet, suffoqué. En se montant encore un peu, il l'aurait tué.

La lutte finie, rajustant ses manches qui remontaient, son linge froissé, ramassant sa serviette d'où les papiers de l'élection Sarigue volaient éparpillés jusque dans le ruisseau, le Nabab répondit aux sergents de ville qui lui demandaient son nom pour dresser procès-verbal : « Bernard Jansoulet, député de la Corse. »

Homme public !

Alors seulement il se souvint qu'il l'était. Qui s'en serait douté à le voir ainsi essoufflé et tête nue comme un portefaix qui sort d'une rixe, sous les regards avides, railleurs à froid, du rassemblement en train de se disperser ?

XVII

L'APPARITION

Si vous voulez de la passion sincère et sans détour, si vous voulez des effusions, des tendresses, du rire, de ce rire des grands bonheurs qui confine aux larmes par un tout petit mouvement de bouche, et de la belle folie de jeunesse illuminée d'yeux clairs, transparents jusqu'au fond des âmes, il y a de tout cela ce matin dimanche dans une maison que vous connaissez, une maison neuve, là-bas, tout au bout du vieux faubourg. La vitrine du rez-de-chaussée est plus brillante que d'habitude. Plus allègrement que jamais les écriteaux dansent au-dessus de la porte, et par les fenêtres ouvertes montent des cris joyeux, un envolement de bonheur.

« Reçu, il est reçu!... Oh! quelle chance!... Henriette, Élise, arrivez donc... La pièce de M. Maranne est reçue. »

Depuis hier, André sait la nouvelle. Cardailhac, le directeur des Nouveautés, l'a fait venir pour lui apprendre qu'on allait monter son drame tout de suite, qu'il serait joué le mois prochain. Ils ont passé la soirée à parler des décors, de la distribution; et, comme en rentrant du théâtre il était trop tard pour frapper chez les voisins, l'heureux auteur a guetté le jour dans une impatience fiévreuse, puis dès qu'il a entendu marcher au-dessous, les persiennes s'ouvrir en claquant sur la façade, il est descendu bien vite annoncer à ses amis la bonne nouvelle. A présent, les voilà tous réunis, ces demoiselles en gentil déshabillé, les cheveux tordus à la hâte, et M. Joyeuse que l'événement a surpris en train de faire sa barbe, montrant sous son bonnet brodé une étonnante figure mi-partie, un côté rasé, l'autre non. Mais le plus ému, c'est André Maranne, car vous savez ce que la réception de *Révolte* représente pour lui, ce dont ils sont convenus avec Bonne Maman. Le pauvre garçon la regarde comme pour chercher dans ses yeux un encouragement; et les yeux un peu railleurs et bons ont l'air de dire : « Essayez toujours.

Qu'est-ce qu'on risque? » Il regarde aussi, pour se donner du courage, mademoiselle Élise, jolie comme une fleur, ses grands cils abaissés. Enfin, prenant son parti :

« Monsieur Joyeuse, dit-il d'une voix étranglée, j'ai une communication très grave à vous faire. »

M. Joyeuse s'étonne :

« Une communication?... Ah! mon Dieu, vous m'effrayez!... »

Et, baissant la voix, lui aussi :

« Est-ce que ces demoiselles sont de trop? »

Non. Bonne Maman sait ce dont il s'agit. Mademoiselle Élise doit aussi s'en douter. Ce sont seulement les enfants... Mademoiselle Henriette et sa sœur sont priées de se retirer, ce qu'elles font aussitôt, l'une d'un air majestueux et vexé, en vraie fille des Saint-Amand, l'autre, la jeune Chinoise Yaïa, avec une folle envie de rire à peine dissimulée.

Alors un grand silence. Puis l'amoureux commence sa petite histoire.

Je crois bien que mademoiselle Élise se doute en effet de quelque chose, car, dès que le jeune voisin a parlé de communication, elle a tiré son « Ansart et Rendu » de sa poche et s'est plongée précipitamment dans les aventures d'un tel dit le Hutin, émouvante lecture qui fait trembler le livre entre ses doigts. Il y a de quoi trembler, certes, devant l'effarement, la stupeur indignée, avec lesquels M. Joyeuse accueille cette demande de la main de sa fille :

« Est-ce possible? Comment cela s'est-il fait? Quel prodigieux événement! Qui se serait jamais douté d'une chose pareille?

Et, tout à coup, le bonhomme part d'un immense éclat de rire. Eh bien! non, ce n'est pas vrai. Voilà longtemps qu'il connaît l'affaire, qu'on l'a mis au courant de tout...

Le père au courant de tout! Bonne Maman les a donc trahis?... Et devant les regards de reproche qui se tournent de son côté, la coupable s'avance en souriant :

« Oui, mes amis, c'est moi... Le secret était trop lourd. Je n'ai pu le garder pour moi seule... Et puis, le père est si bon... On ne peut rien lui cacher. »

En parlant ainsi, elle saute au cou du petit homme, mais la place est assez grande pour deux, et quand mademoiselle Élise s'y réfugie à son tour, il y a encore une main tendue, affectueuse, paternelle, vers celui que M. Joyeuse considère désormais comme son enfant. Étreintes silencieuses, longs regards qui se croisent émus ou passionnés, minutes bienheureuses qu'on voudrait retenir toujours par le bout fragile de leurs ailes! On cause, on rit doucement en se rappelant certains détails. M. Joyeuse raconte que le secret lui a été révélé tout d'abord par des esprits frappeurs, un jour qu'il était seul chez André. « Comment vont les affaires, monsieur Maranne? » demandaient les esprits, et lui-même a répondu en l'absence de Maranne : « Pas trop mal pour la saison, messieurs les esprits. » Il faut voir de quel air malicieux le petit homme répète : « Pas trop mal pour la saison... », tandis que mademoiselle Élise, toute confuse à l'idée que c'est avec son père qu'elle correspondait ce jour-là, disparaît sous ses boucles blondes...

Après cette première émotion, les voix posées, on parle plus sérieusement. Il est certain que madame Joyeuse, née de Saint-Amand, n'aurait jamais consenti à ce mariage. André Maranne n'est pas riche, noble encore moins; mais le vieux comptable n'a pas, heureusement, les mêmes idées de grandeur que sa femme. Ils s'aiment, ils sont jeunes, bien portants et honnêtes, voilà de belles dots constituées et qui ne coûteront pas lourd d'enregistrement chez le notaire. Le nouveau ménage s'installera à l'étage au-dessus. On gardera la photographie, à moins que *Révolte* ne fasse des recettes énormes. (On peut se fier à l'Imaginaire pour cela.) En tout cas, le père sera toujours près d'eux; il a une bonne place chez son agent de change, quelques expertises à faire pour le Palais; pourvu que le petit navire vogue toujours dans les eaux du grand, tout ira bien, avec l'aide du flot, du vent et de l'étoile.

Une seule question préoccupe M. Joyeuse : « Les parents d'André consentiront-ils à ce mariage ? Comment le docteur Jenkins, si riche, si célèbre... »

« Ne parlons pas de cet homme, dit André en pâlissant, c'est un misérable à qui je ne dois rien... qui ne m'est rien... »

Il s'arrête, un peu gêné de cette explosion de colère qu'il n'a pas su retenir et ne peut expliquer, et il reprend avec plus de douceur :

« Ma mère, qui vient me voir quelquefois malgré la défense qu'on lui a faite, a été la première informée de nos projets. Elle aime déjà mademoiselle Élise, comme sa fille. Vous verrez Mademoiselle, comme elle est bonne, comme elle est belle et charmante. Quel malheur qu'elle appartienne à un si méchant homme qui la tyrannise, la torture jusqu'à lui défendre de prononcer le nom de son fils ! »

Le pauvre Maranne pousse un soupir qui en dit long sur le gros chagrin qu'il cache au fond de son cœur. Mais quelle tristesse pourrait tenir devant le cher visage éclairé de boucles blondes, et la perspective radieuse de l'avenir ? — Les graves questions résolues, on peut rouvrir la porte et rappeler les deux exilées. Pour ne pas remplir ces petites têtes de pensées au-dessus de leur âge, on est convenu de ne rien dire du prodigieux événement, de ne rien leur apprendre sinon qu'il faut s'habiller à la hâte, déjeuner encore plus vite, pour pouvoir passer l'après-midi au Bois, où Maranne leur lira sa pièce, en attendant d'aller à Suresnes manger une friture chez Kontzen ; tout un programme de délices en l'honneur de la réception de *Révolte* et d'une autre bonne nouvelle qu'elles sauront plus tard.

— Ah! vraiment... Quoi donc? demandent d'un air innocent les deux fillettes.

Mais si vous croyez qu'elles ne savent pas de quoi il s'agit, si vous pensez que, lorsque mademoiselle Élise frappait trois coups au plafond, elles s'imaginaient que c'était spécialement pour s'informer de la clientèle, vous êtes plus ingénus encore que le père Joyeuse.

— C'est bon, c'est bon, Mesdemoiselles... Allez toujours vous habiller.

Alors commence un autre refrain :

— Quelle robe faut-il mettre, Bonne Maman?... La grise?...

— Bonne Maman, il manque une bride à mon chapeau.

— Bonne Maman, ma fille, je n'ai donc plus de cravate empesée.

Pendant dix minutes, c'est autour de la charmante aïeule un va-et-vient, des instances. Chacun a besoin d'elle, c'est elle qui tient les clefs de tout, distribue le joli linge blanc fin tuyauté, les mouchoirs brodés, les gants de toilette, toutes ces richesses qui, sorties des cartons et des armoires, étalées sur les lits, répandent dans une maison l'allégresse claire du dimanche.

Les travailleurs, les gens à la tâche la connaissent seuls cette joie qui revient tous les huit jours consacrée par l'habitude d'un peuple. Pour ces prisonniers de la semaine, l'almanach aux grilles serrées s'entr'ouvre de distance en distance en espaces lumineux, en prises d'air rafraîchissantes. C'est le dimanche, le jour si long aux mondains, aux Parisiens du boulevard dont il dérange les manies, si triste aux dépatriés sans famille, et qui constitue pour une foule d'êtres la seule récompense, le seul but aux efforts désespérés de six jours de peine. Ni pluie, ni grêle, rien n'y fait, rien ne les empêchera de sortir, de tirer derrière eux la porte de l'atelier désert, du petit logement étouffé. Mais, quand le printemps s'en mêle, quand un soleil de mai l'éclaire comme ce matin, qu'il peut s'habiller de couleurs heureuses, pour le coup le dimanche est la fête des fêtes.

Si on veut bien le connaître, il faut le voir surtout aux quartiers laborieux, dans ces rues sombres qu'il illumine, qu'il élargit en fermant les boutiques, en remisant les gros camions de transport, laissant la place libre pour des rondes d'enfants débarbouillés et parés, et des parties de volants mêlées aux grands circuits des hirondelles sous quelque porche du vieux Paris. Il faut le voir aux faubourgs grouillants, enfiévrés, où dès le matin on le sent planer, reposant et doux, dans le silence des fabriques, passer avec le bruit des cloches et ce coup de sifflet aigu des chemins de fer qui met dans l'horizon, tout autour des banlieues, comme un immense chant de départ et de délivrance. Alors on le comprend et on l'aime.

Dimanche de Paris, dimanche des travailleurs et des humbles, je t'ai souvent maudit sans raison, j'ai versé des flots d'encre injurieuse sur tes joies bruyantes et débordantes, la poussière des gares pleines de ton bruit et les omnibus affolés que tu prends d'assaut, sur tes chansons de guinguette promenées dans des tapissières pavoisées de robes vertes et roses, tes orgues de Barbarie aux mélopées traînant sous le balcon des cours désertes ; mais aujourd'hui, abjurant mes erreurs, je t'exalte et je te bénis pour tout ce que tu donnes de joie, de soulagement au labeur courageux et honnête, pour le rire des enfants qui t'acclament, la fierté des mères heureuses d'habiller leurs petits en ton honneur, pour la dignité que tu conserves aux logis des plus pauvres, la nippe glorieuse mise de côté pour toi au fond de la vieille commode éclopée ; je te bénis surtout à cause de tout le bonheur que tu apportais en surcroît, ce matin-là, dans la grande maison neuve au bout de l'ancien faubourg.

Les toilettes terminées, le déjeuner fini, pris sur le pouce — et sur le pouce de ces demoiselles, vous pensez ce qu'il peut tenir — on était venu mettre les chapeaux devant la glace du salon. Bonne Maman jetait son coup d'œil général, piquait ici une épingle, renouait un ruban là, redressait la cravate paternelle; mais, tandis que tout ce petit monde piaffait d'impatience, appelé au dehors par la beauté du jour, voilà un coup de sonnette qui retentit et vient troubler la fête.

— Si on n'ouvrait pas?... proposent les enfants.

Et quel soulagement, quel cri de joie en voyant entrer l'ami Paul!

— Vite, vite, venez; qu'on vous apprenne la bonne nouvelle...

Il le savait bien avant tous que la pièce était reçue. Il avait eu assez de mal pour la faire lire à Cardailhac, qui, sur la seule vue des « petites lignes », comme il appelait les vers, voulait envoyer le manuscrit à la Levantine et à son masseur, ainsi que cela se pratiquait pour tous les *ours* du théâtre. Mais Paul se garda de parler de son intervention. Quant à l'autre événement, celui dont on ne disait mot à cause des enfants, il le devina sans peine au bonjour frémissant de Maranne, dont la blonde crinière se tenait toute droite sur son front à force d'être relevée à deux mains par le poète, comme il faisait toujours dans ses moments de joie, au maintien un peu embarrassé d'Élise, aux airs triomphants de M. Joyeuse, qui se redressait dans ses habits frais, tout le bonheur des siens écrit sur sa figure.

Bonne Maman seule gardait son air paisible d'habitude; mais on sentait en elle, dans son empressement autour de sa sœur, une certaine attention encore plus tendre, un soin de la rendre jolie. Et c'était délicieux ces vingt ans qui en paraient d'autres, sans envie, sans regret, avec quelque chose du doux renoncement d'une mère fêtant le jeune amour de sa fille en souvenir d'un bonheur passé. Paul voyait cela, il était même seul à le voir; mais, tout en admirant Aline, il se demandait avec tristesse s'il y aurait jamais place en ce cœur maternel pour d'autres affections que celles de la famille, des préoccupations en dehors du cercle tranquille et lumineux où Bonne Maman présidait si gentiment le travail du soir.

L'Amour est, comme on sait, un pauvre aveugle privé par-dessus le marché de l'ouïe, de la parole, et ne se conduisant que par des presciences, des divinations, des facultés nerveuses de malade. C'est pitié vraiment de le voir errer, tâtonner, porter à faux tous ses pas, frôler du doigt les appuis où il se guide avec des maladresses méfiantes d'infirme. Au moment même où il mettait en doute la sensibilité d'Aline,

Paul, annonçant à ses amis qu'il partait pour un voyage de plusieurs jours, peut-être de plusieurs semaines, ne vit pas la pâleur subite de la jeune fille, n'entendit pas le cri douloureux échappé de ses lèvres discrètes :

« Vous partez ? »

Il partait, il allait à Tunis, bien inquiet de laisser son pauvre Nabab au milieu de sa meute enragée ; pourtant la protection de Mora le rassurait un peu, et puis ce voyage était indispensable.

« Et la *Territoriale ?* demanda le vieux comptable revenant toujours à son idée... Où ça en est-il ?... Je vois encore le nom de Jansoulet en tête du conseil d'administration... Vous ne pouvez donc pas le tirer de cette caverne d'Ali-Baba ?... Prenez garde... prenez garde...

— Eh ! je le sais bien, monsieur Joyeuse... Mais, pour sortir de là avec honneur, il faut de l'argent, beaucoup d'argent, un nouveau sacrifice de deux ou trois millions ; et nous ne les avons pas... C'est justement pour cela que je vais à Tunis essayer d'arracher à la rapacité du bey un morceau de cette grande fortune qu'il détient si injustement... En ce moment, j'ai encore quelque chance de réussir, tandis que plus tard peut-être...

— Partez vite alors, mon cher garçon, et si vous revenez avec un gros sac, ce que je vous souhaite, occupez-vous avant tout de la bande

Paganetti. Songez qu'il suffit d'un actionnaire moins patient que les autres pour tout faire sauter, exiger une enquête; et vous savez, vous, ce qu'elle révélerait, l'enquête... A la réflexion même, ajouta M. Joyeuse dont le front se plissait, je m'étonne que Hemerlingue, dans sa haine contre vous, ne se soit pas procuré en sous-main quelques actions... »

Il fut interrompu par le concert de malédictions, d'imprécations que soulevait le nom de Hemerlingue parmi toute cette jeunesse haïssant le gros banquier pour le mal qu'il avait fait au père, pour celui qu'il voulait à ce bon Nabab adoré dans la maison à travers Paul de Géry.

« Hemerlingue, sans cœur!... Scélérat!... Méchant homme! »

Mais, au milieu de tous ces cris, l'Imaginaire continuait sa supposition du gros baron devenant actionnaire de la *Territoriale* pour pouvoir citer son ennemi devant les tribunaux. Et l'on se figure la stupeur d'André Maranne absolument étranger à toute cette affaire, lorsqu'il vit M. Joyeuse se tourner vers lui, la face pourpre et gonflée, et le désigner du doigt avec ces mots terribles :

« Le plus coquin ici, c'est encore vous, monsieur.

— Oh! papa, papa... qu'est-ce que tu dis?

— Hein?... Quoi donc?... Ah! pardon, mon

cher André... Je me croyais dans le cabinet du juge d'instruction, en face de ce drôle... C'est ma maudite cervelle qui s'emporte toujours au diable au vert... »

Un fou rire éclata, jaillit dehors par toutes les croisées ouvertes, alla se mêler aux mille bruits de voitures roulantes et de peuple endimanché remontant l'avenue des Ternes; et l'auteur de *Révolte* profita de la diversion pour demander si on n'allait pas bientôt se mettre en route... Il était tard... les bonnes places seraient prises dans le Bois...

« Au Bois de Boulogne, un dimanche! fit Paul de Géry.

— Oh! notre bois n'est pas le vôtre, répondit Aline en souriant... Venez avec nous, vous verrez. »

Vous est-il arrivé, promeneur solitaire et contemplatif, de vous coucher à plat-ventre dans le taillis herbeux d'une forêt, parmi cette végétation particulière poussée entre les feuilles tombées de l'automne, variée, multiple, et de laisser vos yeux errer au ras de terre devant vous? Peu à peu le sentiment de la hauteur se perd, les branches croisées des chênes au-dessus de vos têtes forment un ciel inaccessible, et vous voyez une forêt nouvelle s'étendre sous l'autre, ouvrir ses avenues profondes pénétrées d'une lumière verte et mystérieuse, formées d'arbustes frêles ou chevelus terminés en cimes rondes avec des apparences exotiques ou sauvages, des hampes de cannes à sucre, des grâces roides de palmiers, des coupes fines retenant une goutte d'eau, des girandoles portant de petites lumières jaunes que le vent souffle en passant. Et le miracle, c'est que, sous ces ombres légères, vivent des plantes minuscules et des milliers d'insectes dont l'existence, vue de si près, vous révèle tous ses mystères. Une fourmi, embarrassée comme un bûcheron sous le faix, traîne un brin d'écorce plus gros qu'elle; un scarabée chemine sur une herbe jetée comme un pont d'un tronc à un autre, pendant que, sous une haute fougère isolée dans un rond-point tout velouté de mousse, une petite bête bleue ou rouge attend, les antennes droites, qu'une autre bestiole en route là-bas par quelque allée déserte arrive au rendez-vous sous l'arbre géant. C'est une petite forêt sous la grande, trop près du sol pour que celle-ci l'aperçoive, trop humble, trop cachée pour être atteinte par son grand orchestre de chants et de tempêtes.

Un phénomène semblable se passe au Bois de Boulogne. Derrière ces allées sablées, arrosées et nettes, où des files de roues tournant lentement autour du lac tracent tout le jour un sillon sans cesse parcouru, machinal, derrière cet admirable décor de verdures en murailles, d'eau captive, de roches fleuries, le vrai bois, le bois sauvage, aux taillis vivaces, pousse et repousse, formant des abris impénétrables, traversés de menus sentiers, de sources bruissantes. Cela, c'est le bois des petits, le bois des humbles, la petite forêt sous la grande. Et Paul, qui, de l'aristocratique promenade parisienne ne connaissait que les longues avenues, le lac étincelant aperçu du fond d'un carrosse ou du haut d'un break à quatre roues dans la poussière d'un retour de Lonchamps, s'étonnait de voir le coin délicieusement abrité où ses amis l'avaient conduit.

C'était au bord d'un étang jeté en miroir sous des saules, couvert de nénuphars et de lentilles d'eau, coupé de place en place de larges moires blanches, rayons tombés, étalés sur la surface luisante, et que de grandes pattes d'argyronètes rayaient comme avec des pointes de diamant.

Sur les berges en pente abritées d'une verdure déjà serrée quoique grêle, on s'était assis pour écouter la lecture, et les jolies figures attentives, les jupes gonflées sur l'herbe faisaient penser à quelque Décameron plus naïf et plus chaste, dans une atmosphère reposée. Pour compléter ce bien-être de nature, cet aspect de campagne lointaine, deux ailes de moulin, dans un écart de branches, tournaient vers Suresnes, tandis que de l'éblouissante vision luxueuse croisée à tous les carrefours du bois, il n'arrivait qu'un roulement confus et perpétuel qu'on finissait par ne plus entendre. La voix du poète, éloquente et jeune, montait seule dans le silence, les vers s'envolaient frémissants, répétés tout bas par d'autres lèvres émues, et c'étaient des approbations étouffées, des frissons aux passages tragiques. Même on vit Bonne Maman essuyer une grosse larme. Ce que c'est pourtant que de n'avoir pas de broderie en main.

La première œuvre!... *Revolte* était cela pour André, cette première œuvre toujours trop abondante et touffue dans laquelle l'auteur jette d'abord tout un arriéré d'idées, d'opinions, pressées comme les eaux au bord d'une écluse, et qui est souvent la plus riche sinon la meilleure d'un écrivain. Quant au sort qui l'attendait, nul n'aurait pu le dire ; et l'incertitude planant sur la lecture du drame ajoutait à son émotion celle de chaque auditeur, les vœux tout de blanc vêtus de mademoiselle Élise, les hallucinations fantaisistes de M. Joyeuse, et les souhaits plus positifs d'Aline installant d'avance la modeste fortune de sa sœur dans le nid, battu des vents mais envié de la foule, d'un ménage d'artiste.

Ah! si quelqu'un de ces promeneurs tournant pour la centième fois autour du lac, accablé par la monotonie de son habitude, était venu écarter les branches, quelle surprise devant ce tableau! Mais se serait-il bien douté de tout ce qu'il pouvait tenir de passion, de rêves, de poésie et d'espérance dans ce petit coin de verdure guère plus large que l'ombre dentelée d'une fougère sur la mousse?

« Vous aviez raison, je ne connaissais pas le Bois... » disait Paul tout bas à Aline appuyée sur son bras.

Ils suivaient maintenant une allée étroite et couverte, et tout en causant marchaient d'un pas très vif, bien en avant des autres. Ce n'était pourtant pas la terrasse du père Kontzen ni ses fritures croustillantes qui les attiraient. Non, les beaux vers qu'ils venaient d'entendre les avaient emportés très haut, et ils n'étaient pas encore redescendus. Ils allaient devant eux vers le bout toujours fuyant du chemin qui s'élargissait à son extrémité dans une gloire lumineuse, une poussière de rayons comme si tout le soleil de cette belle journée les attendait, tombé à la lisière. Jamais Paul ne s'était senti si heureux. Ce bras léger posé sur son bras, ce pas d'enfant où le sien se guidait, lui auraient rendu la vie douce et facile autant que cette promenade sur la mousse d'une allée verte. Il l'eût dit à la jeune fille, simplement, comme il le sentait, s'il n'avait craint d'effaroucher cette confiance d'Aline causée sans doute par le sentiment dont elle le savait possédé pour une autre et qui semblait écarter d'eux toute pensée d'amour.

Tout à coup, droit devant eux, là-bas sur le fond clair, un groupe de cavaliers se détacha, d'abord vague et indistinct, laissant voir un homme et une femme élégamment montés et s'engageant dans l'allée mystérieuse parmi les barres d'or, les ombres feuillagées, les mille points de lumière dont le sol était jonché, qu'ils déplaçaient en avançant par bonds et qui remontaient sur eux en ramages du poitrail des chevaux jusqu'au voile bleu de l'amazone. Cela venait lentement, capricieusement, et les deux jeunes gens, qui s'étaient engagés dans le massif, purent voir passer tout près d'eux, avec des craquements de cuir neuf, un bruit de mors fièrement secoués et blancs d'écume comme après une galopade furieuse, deux bêtes superbes portant un couple humain étroitement uni par le rétrécissement du sentier; lui, soutenant d'un bras la taille souple moulée dans un corsage de drap sombre, elle, la main à l'épaule du cavalier et sa petite tête en profil perdu sous le tulle à demi retombé de la voilette — appuyée dessus tendrement. Cet enlacement amoureux bercé par l'impatience des montures un peu retenues dans leur fougue, ce baiser confondant les rênes, cette passion qui courait le bois en chasse, au milieu du jour, avec un tel mépris de l'opinion aurait suffi à trahir le duc et Félicia, si l'ensemble fier et charmeur de l'amazone et l'aisance aristocratique de son compagnon, sa pâleur légèrement colorée par la course et les perles miraculeuses de Jenkins, ne les eussent déjà fait reconnaître.

Ce n'était pas extraordinaire de rencontrer Mora au Bois un dimanche. Il aimait ainsi que son maître à se faire voir aux Parisiens, à entretenir sa popularité dans tous les publics; puis, la duchesse ne l'accompagnait jamais ce jour-là et il pouvait tout à son aise faire une halte dans ce petit chalet de Saint-James connu de tout Paris, et dont les lycéens se montraient en chuchotant les tourelles roses découpées entre les arbres. Mais il fallait une folle, une affronteuse comme cette Félicia pour s'afficher ainsi, se perdre de réputation à tout jamais... Un bruit de terrain battu, de buissons frôlés diminué par l'éloignement, quelques herbes courbées qui se redressaient, des branches écartées reprenant leur place, c'était tout ce qui restait de l'apparition.

« Vous avez vu? » dit Paul le premier.

Elle avait vu, et elle avait compris, malgré sa candeur d'honnêteté, car une rougeur se répandait sur ses traits, une de ces hontes ressenties pour les fautes de ceux qu'on aime.

« Pauvre Félicia, » dit-elle tout bas, en plaignant non seulement la malheureuse abandonnée qui venait de passer devant eux, mais aussi celui que cette défection devait frapper en plein cœur. La vérité est que Paul de Géry n'avait eu aucune surprise de cette rencontre, qui justifiait des soupçons antérieurs et l'éloignement instinctif éprouvé pour la charmeuse dans leur dîner des jours précédents. Mais il lui sembla doux d'être plaint par Aline, de sentir l'apitoiement de cette voix plus tendre, de ce bras qui s'appuyait davantage. Comme les enfants qui font les malades pour la joie des câlineries maternelles, il laissa la consolatrice s'ingénier autour de son chagrin, lui parler de ses frères, du Nabab, et du prochain voyage à Tunis, un beau pays, disait-on. « Il faudra nous écrire souvent, et de longues lettres, sur les curiosités de la route, l'endroit que vous habiterez... Car on voit mieux ceux qui sont loin quand on peut se figurer le milieu où ils vivent. » Tout en causant, ils arrivaient au bout de l'allée couverte, terminée par une immense clairière dans laquelle se mouvait le tumulte du Bois, voitures et cavaliers s'alternant, et la foule à cette distance piétinant dans une poudre floconneuse qui la massait confusément en troupeau. Paul ralentit le pas, enhardi par cette dernière minute de solitude.

« Savez-vous à quoi je pense, dit-il en prenant la main d'Aline ; c'est qu'on aurait plaisir à être malheureux pour se faire consoler par vous. Mais, si précieuse que me soit votre pitié, je ne puis pourtant vous laisser vous attendrir sur un mal imaginaire... Non, mon cœur n'est pas brisé, mais plus vivant, plus fort au contraire. Et si je vous disais quel miracle l'a préservé, quel talisman... »

Il lui mit sous les yeux un petit cadre ovale entourant un profil sans ombres, un simple contour au crayon où elle se reconnut, surprise d'être si jolie, comme reflétée dans le miroir magique de l'Amour. Des larmes lui vinrent aux yeux sans qu'elle sût pourquoi, une source ouverte dont le flot battait sa poitrine chaste. Il continua :

« Ce portrait m'appartient. Il a été fait pour moi... Cependant, au moment de partir, un scrupule m'est venu. Je ne veux le tenir que de vous-même... Prenez-le donc, et si vous trouvez un ami plus digne, quelqu'un qui vous aime d'un amour plus profond, plus loyal que le mien, je vous permets de le lui donner. »

Elle s'était remise de son trouble, et regardant de Géry bien en face avec une tendresse sérieuse :

« Si je n'écoutais que mon cœur, je n'hésiterais pas à vous répondre; car si vous m'aimez comme vous dites, je crois bien que je vous aime aussi... Mais je ne suis pas libre, je ne suis pas seule dans la vie... regardez là-bas... »

Elle montrait son père et ses sœurs qui leur

faisaient signe de loin, se hâtaient pour les rejoindre.

« Eh bien! et moi? fit Paul vivement... Est-ce que je n'ai pas les mêmes devoirs, les mêmes charges?... Nous sommes comme deux veufs chefs de famille... Ne voulez-vous pas aimer les miens autant que j'aime les vôtres?...

— Vrai?... C'est vrai? Vous me laisserez avec eux?... Je serai Aline pour vous et toujours Bonne Maman pour tous nos enfants? Oh! alors, dit la chère créature rayonnante de joie et de lumière, alors voilà mon portrait, je vous le donne... Et puis toute mon âme avec, et pour toujours... »

XVIII

LES PERLES JENKINS

Environ huit jours après son aventure avec Moëssard, complication nouvelle dans le terrible gâchis de ses affaires, Jansoulet en sortant de la Chambre, un jeudi, se fit conduire à l'hôtel de Mora. Il n'y était pas retourné depuis l'algarade de la rue Royale, et l'idée de se trouver en présence du duc faisait courir sous son solide épiderme quelque chose de la panique qui agite un lycéen montant chez le proviseur après une rixe à l'Étude. Il fallait pourtant subir la gêne de cette première entrevue. Le bruit courait par les bureaux que Le Merquier avait terminé son rapport, chef-d'œuvre de logique et de férocité, concluant à l'invalidation et devant l'emporter haut la main, à moins que Mora, si puissant à l'Assemblée, ne vînt lui-même lui donner son mot d'ordre. Partie sérieuse, comme on voit, et qui enfiévrait les joues du Nabab, pendant que dans les glaces biseautées de son coupé il étudiait sa mine, ses sourires de courtisan, cherchant à se préparer une entrée ingénieuse, un de ses coups d'effronterie bon enfant qui avaient causé sa fortune chez Ahmed et le servaient encore auprès de l'Excellence française, — le tout accompagné de battements de cœur et de ces frissons entre les épaules qui précèdent, même faites en carrosse doré, les démarches décisives.

Arrivé à l'hôtel par le bord de l'eau, il fut très étonné de voir que le suisse du quai, comme aux jours de grande réception, faisait prendre aux voitures la rue de Lille, afin de laisser une porte libre pour la sortie. Il songea, un peu troublé : « Qu'est-ce qu'il se passe? » Peut-être un concert chez la duchesse, une vente de charité, quelque fête d'où Mora l'aurait exclu à cause du scandale de sa dernière aventure. Et ce trouble s'accrut encore lorsque Jansoulet, après avoir traversé la cour d'honneur au milieu du fracas des portières refermées, d'un roulement sourd et continu sur le sable, se trouva — le perron franchi —

dans l'immense salon d'antichambre rempli d'une foule qui ne dépassait aucune des portes intérieures, concentrant son va-et-vient anxieux autour de la table du suisse où s'inscrivaient tous les noms célèbres du grand Paris. Il semblait qu'un coup de vent de désastre eût traversé la maison, emporté un peu de son calme grandiose, laissé filtrer dans son bien-être l'inquiétude et le danger.

« Quel malheur!...

— Ah! c'est affreux...

— Et si subitement... »

Les gens se croisaient en échangeant des mots semblables. Jansoulet eut une pensée rapide :

« Est-ce que le duc est malade? demanda-t-il à un domestique.

— Ah! Monsieur... Il va mourir... Il ne passera pas la nuit. »

La toiture du palais s'écroulant sur sa tête ne l'aurait pas mieux assommé. Il vit tourbillonner des papillons rouges, chancela et se laissa tomber assis sur une banquette de velours à côté de la grande cage des singes qui, surexcités dans tout ce train, suspendus par la queue, par leurs petites mains au long pouce, s'accrochaient en grappe aux barreaux, et curieux, effarés, venaient assaillir de leurs plus réjouissantes grimaces de macaques ce gros homme stupéfait, fixant les dalles, se répétant tout haut à lui-même : « Je suis perdu... Je suis perdu... »

Le duc se mourait. Cela l'avait pris subitement le dimanche en revenant du Bois. Il s'était senti atteint d'intolérables brûlures d'entrailles qui lui dessinaient comme au fer rouge toute l'anatomie de son corps, alternaient avec un froid léthargique et de longs assoupissements. Jenkins, mandé tout de suite, ne dit pas grand'chose, ordonna quelques calmants. Le lendemain, les douleurs recommencèrent plus fortes et suivies de la même torpeur glaciale, plus accentuée aussi, comme si la vie s'en allait par secousses violentes, déracinée. A l'entour, personne ne s'en émut. « Lendemain de Saint-James, » disait-on tout bas à l'antichambre, et la belle figure de Jenkins gardait sa sérénité. A peine si dans ses visites du matin il avait parlé à deux ou trois personnes de l'indisposition du duc, et si légèrement qu'on n'y avait pris garde.

Mora lui-même malgré son extrême faiblesse, bien qu'il se sentît la tête absolument vide, et, comme il disait, « pas une idée sous le front, » était loin de se douter de la gravité de son état. Le troisième jour seulement, en s'éveillant le matin, la vue d'un simple filet de sang qui de sa bouche avait coulé sur sa barbe et l'oreiller rougi, fit tressaillir ce délicat, cet élégant qui avait horreur de toutes les misères humaines, surtout de la maladie, et la voyait arriver sournoisement avec ses souillures, ses faiblesses et l'abandon de soi-même, première concession faite à la mort. Monpavon, entrant derrière Jenkins, surprit le regard subitement troublé du grand seigneur en face de la vérité terrible, et fut en même temps épouvanté des ravages faits en quelques heures sur le visage émacié de Mora, où toutes les rides de son âge soudainement apparues se mêlaient à des plis de souffrance, à ces dépressions de muscles qui trahissent de graves lésions intérieures. Il prit Jenkins à part, pendant qu'on apportait au mondain de quoi faire sa toilette sur son lit, tout un appareil de cristal et d'argent contrastant avec la pâleur jaune de la maladie.

« Ah ça ! voyons, Jenkins... mais le duc est très mal.

— J'en ai peur..., dit l'Irlandais tout bas.

— Enfin, qu'est-ce qu'il a?

— Ce qu'il cherchait, parbleu! fit l'autre avec une sorte de fureur... On n'est pas impunément jeune à son âge. Cette passion lui coûtera cher... »

Quelque mauvais sentiment triomphait en lui qu'il fit taire aussitôt, et transformé, gonflant sa face comme s'il avait la tête pleine d'eau, il soupira profondément en serrant les mains du vieux gentilhomme :

« Pauvre duc... Pauvre duc... Ah! mon ami, je suis désespéré.

— Prenez garde, Jenkins, dit froidement Monpavon en dégageant ses mains, vous assumez une responsabilité terrible... Comment! le duc est si mal que cela, ps... ps... ps... Voyez personne?... Consultez pas?... »

L'Irlandais leva les bras, comme pour dire : « A quoi sert ? »

L'autre insista. Il fallait absolument faire appeler Brisset, Jousselin, Bouchereau, tous les grands.

« Mais vous allez l'effrayer. »

Le Monpavon enfla son poitrail, seule fierté du vieux coursier fourbu :

« Mon cher, si vous aviez vu Mora et moi dans la tranchée de Constantine... Ps... ps... Jamais baissé les yeux... Connaissons pas la peur... Prévenez vos confrères, je me charge de l'avertir. »

La consultation eut lieu dans la soirée, en grand secret, le duc l'ayant exigé ainsi par une pudeur singulière de son mal, de cette souffrance qui le découronnait, faisait de lui l'égal des autres hommes. Pareil à ces rois africains qui se cachent pour mourir au fond de leurs palais, il aurait voulu qu'on pût le croire enlevé, transfiguré, devenu dieu. Puis il redoutait par-dessus tout les apitoiements, les condoléances, les attendrissements dont il savait qu'on allait entourer son chevet, les larmes parce qu'il les soupçonnait menteuses, et que sincères elles lui déplaisaient encore plus à cause de leur laideur grimaçante.

Il avait toujours détesté les scènes, les sentiments exagérés, tout ce qui pouvait l'émouvoir, déranger l'équilibre harmonieux de sa vie. On le savait autour de lui, et la consigne était de tenir à distance les détresses, les grands désespoirs qui d'un bout de la France à l'autre s'adressaient à Mora comme à un de ces refuges allumés dans la nuit des bois, où tous les errants vont frapper. Non pas qu'il fût dur aux malheureux, peut-être même se sentait-il trop ouvert à la pitié qu'il regardait comme un sentiment inférieur, une faiblesse indigne des forts et, la refusant aux autres, il la redoutait pour lui-même, pour l'intégrité de son courage. Personne dans le palais, excepté Monpavon et Louis le valet de chambre, ne sut donc ce que venaient faire ces trois personnages introduits mystérieusement auprès du ministre d'État. La duchesse elle-même l'ignora. Séparée de son mari par tout ce que la haute vie politique et mondaine met de barrières entre époux dans ces ménages d'exception, elle le croyait légèrement souffrant, malade surtout d'imagination, et se doutait si peu d'une catastrophe qu'à l'heure même où les médecins montaient le grand escalier à demi obscur, à l'autre bout du palais, ses appartements intimes s'éclairaient pour une sauterie de demoiselles, un de ces bals blancs que l'ingéniosité du Paris oisif commençait à mettre à la mode.

Elle fut, cette consultation, ce qu'elles sont toutes : solennelle et sinistre. Les médecins n'ont plus leurs grandes perruques du temps de Molière, mais ils revêtent toujours la même gravité de prêtres d'Isis, d'astrologues, hérissés de formules cabalistiques avec des hochements de tête, auxquels il ne manque, pour l'effet comique, que le bonnet pointu d'autrefois. Ici la scène empruntait à son milieu un aspect imposant. Dans la vaste chambre, transformée, comme agrandie par l'immobilité du maître, ces graves figures s'avançaient autour du lit, où se concentrait la lumière éclairant dans la blancheur du linge et la pourpre des courtines une tête ravinée, pâlie des lèvres aux yeux, mais enveloppée de sérénité comme d'un voile, comme d'un suaire. Les consultants parlaient bas, se jetaient un regard furtif, un mot barbare, demeuraient impassibles sans un froncement de sourcil. Mais cette expression muette et fermée du médecin et du magistrat, cette solennité dont la science et la justice s'entourent pour cacher leur faiblesse ou leur ignorance n'avaient rien qui pût émouvoir le duc.

Assis sur son lit, il continuait à causer tranquillement, avec ce regard un peu exhaussé dans lequel il semble que la pensée remonte pour fuir, et Monpavon lui donnait froidement la réplique, raidi contre son émotion, prenant de son ami une dernière leçon de tenue, tandis que Louis, dans le fond, appuyait à la porte conduisant chez la duchesse le spectre de la domesticité silencieuse, chez qui l'indifférence détachée est un devoir.

L'agité, le fiévreux, c'était Jenkins.

Plein d'un empressement obséquieux pour « ses illustres confrères, » comme il disait la bouche en rond, il rôdait autour de leur conciliabule, essayait de s'y mêler; mais les confrères le tenaient à distance, lui répondaient à peine, avec hauteur, comme Fagon — le Fagon de Louis XIV — pouvait parler à quelque empirique appelé au chevet royal. Le vieux Bouchereau, surtout, avait des regards de travers pour l'inventeur des perles Jenkins. Enfin, quand ils eurent bien examiné, interrogé leur malade, ils se retirèrent pour délibérer entre eux dans un petit salon tout en laque, plafonds et murs luisants et colorés, rempli de bibelots assortis dont la futilité contrastait étrangement avec l'importance du débat.

Minute solennelle, angoisse de l'accusé attendant la décision de ses juges, vie, mort, sursis ou grâce!

De sa main blanche et longue, Mora continua à caresser sa moustache d'un geste favori, à parler avec Monpavon du cercle, du foyer des Variétés, demandant des nouvelles de la Chambre, où en était l'élection du Nabab, tout cela froidement, sans la moindre affectation. Puis, fatigué sans doute ou craignant que son regard, toujours ramené sur cette tenture en face de lui, par laquelle l'arrêt du destin allait sortir tout à l'heure, ne trahît l'émotion qui devait être au fond de son âme, il appuya sa tête, ferma les yeux et ne les rouvrit plus qu'à la rentrée des docteurs. Toujours les mêmes visages froids et sinistres, vraies physionomies de juges ayant au bord des lèvres le terrible mot de la destinée humaine, le mot final que les tribunaux prononcent sans effroi, mais que les médecins, dont il raille toute la science, éludent et font comprendre par périphrases.

« Eh bien, messieurs, que dit la Faculté?... demanda le malade. »

Il y eut quelques encouragements menteurs et balbutiés, des recommandations vagues; puis les trois savants se hâtèrent au départ, pressés de sortir, d'échapper à la responsabilité de ce désastre. Monpavon s'élança derrière eux. Jenkins resta près du lit, atterré des vérités cruelles qu'il venait d'entendre pendant la consultation. Il avait eu beau mettre la main sur son cœur, citer sa fameuse devise, Bouchereau ne l'avait pas ménagé. Ce n'était pas le premier client de l'Irlandais qu'il voyait s'écrouler subitement ainsi ; mais il espérait bien que la mort de Mora serait aux gens du monde un avertissement salutaire, et que le préfet de police, après ce grand malheur, enverrait le « marchand de cantharides » débiter ses aphrodisiaques de l'autre côté du détroit.

Le duc comprit tout de suite que ni Jenkins ni Louis ne lui diraient l'issue vraie de la consultation. Il n'insista donc pas auprès d'eux, subit leur confiance jouée, affecta même de la partager, de croire au mieux qu'ils lui annonçaient. Mais quand Monpavon rentra, il l'appela près de son lit, et devant le mensonge visible même sous la peinture de cette ruine :

— Oh ! tu sais, pas de grimace... De toi à moi, la vérité... Qu'est-ce qu'on dit ?... Je suis bien bas, n'est-ce pas ? »

Monpavon espaça sa réponse d'un silence significatif : puis brutalement, cyniquement, de peur de s'attendrir aux paroles :

« F..., mon pauvre Auguste. »

Le duc reçut cela en plein visage, sans sourciller.

« Ah ! dit-il simplement. »

Il effila sa moustache d'un mouvement machinal ; mais ses traits demeurèrent immobiles. Et, tout de suite, son parti fut pris.

Que le misérable qui meurt à l'hôpital sans asile ni famille, d'autre nom que le numéro du chevet, accepte la mort comme une délivrance ou la subisse en dernière épreuve, que le vieux paysan qui s'endort, tordu en deux, cassé, ankilosé, dans son trou de taupe enfumé et obscur, s'en aille sans regret, qu'il savoure d'avance le goût de cette terre fraîche qu'il a tant de fois tournée et retournée, cela se comprend. Et encore combien parmi ceux-là tiennent à l'existence par leur misère même, combien qui crient en s'accrochant à leurs meubles sordides, à leurs loques : « Je ne veux pas mourir... » et s'en vont les ongles brisés et saignants de cet arrachement suprême. Mais ici rien de semblable.

Tout avoir et tout perdre. Quel effondrement !

Dans le premier silence de cette minute effroyable, pendant qu'il entendait à l'autre bout du palais la musique étouffée du bal chez la duchesse, ce qui retenait cet homme à la vie, puissance, honneurs, fortune, toute cette splendeur dut lui apparaître déjà lointaine et dans un irrévocable passé. Il fallait un courage d'une trempe bien exceptionnelle pour résister à un coup pareil sans aucune excitation d'amour-propre. Personne ne se trouvait là que l'ami, le médecin, le domestique, trois intimes au courant de tous les secrets ; les lumières écartées laissaient le lit dans l'ombre, et le mourant aurait pu se tourner contre la muraille, s'attendrir sur lui-même sans qu'on le vît. Mais non. Pas une seconde de faiblesse, ni d'inutiles démonstrations. Sans casser une branche aux marronniers du jardin, sans faner une fleur dans le grand escalier du palais, en amortissant ses pas sur l'épaisseur des tapis, la Mort venait d'entr'ouvrir la porte de ce puissant et de lui faire signe : « Arrive. » Et lui, répondait simplement : « Je suis prêt. » Une vraie sortie d'homme du monde, imprévue, rapide et discrète.

Homme du monde! Mora ne fut autre chose que cela. Circulant dans la vie, masqué, ganté, plastronné, du plastron de satin blanc des maîtres d'armes les jours de grand assaut, gardant immaculée et nette sa parure de combat, sacrifiant tout à cette surface irréprochable qui lui tenait lieu d'une armure, il s'était improvisé homme d'État en passant d'un salon sur une scène plus vaste, et fit en effet un homme d'État de premier ordre, rien qu'avec ses qualités de mondain, l'art d'écouter et de sourire, la pratique des hommes, le scepticisme et le sang-froid. Ce sang-froid ne le quitta pas au suprême instant.

Les yeux fixés sur le temps limité et si court qui lui restait encore, car la noire visiteuse était pressée, et il sentait sur sa figure le souffle de la porte qu'elle n'avait pas refermée, il ne songea plus qu'à le bien remplir et à satisfaire toutes les obligations d'une fin comme la sienne, qui ne doit laisser aucun dévouement sans récompense ni compromettre aucun ami. Il donna la liste des quelques personnes qu'il voulait voir et qu'on envoya chercher tout de suite, fit prévenir son chef de cabinet, et comm. Jenkins trouvait que c'était beaucoup de fatigue :

« Me garantissez-vous que je me réveillerai demain matin? J'ai un sursaut de force en ce moment... Laissez-moi en profiter. »

Louis demanda s'il fallait avertir la duchesse. Le duc écouta, avant de répondre, les accords s'envolant du petit bal par les fenêtres ouvertes, prolongés dans la nuit sur un archet invisible, puis :

« Attendons encore... J'ai quelque chose à terminer... »

Il fit approcher de son lit la petite table de laque pour trier lui-même les lettres à détruire; mais, sentant ses forces décroître, il appela Monpavon : « Brûle tout, » lui dit-il d'une voix éteinte, et le voyant s'approcher de la cheminée où la flamme montait malgré la belle saison :

« Non... pas ici... Il y en a trop... On pourrait venir. »

Monpavon prit le léger bureau, fit signe au valet de chambre de l'éclairer. Mais Jenkins s'élança :

« Restez, Louis... le duc peut avoir besoin de vous. »

Il s'empara de la lampe; et marchant avec précaution tout le long du grand corridor, explorant les salons d'attente, les galeries dont les cheminées s'encombraient de plantes artificielles sans un reste de cendre, ils erraient pareils à des spectres dans le silence et la nuit de l'immense demeure, vivante seulement là-bas vers la droite où le plaisir chantait comme un oiseau sur un toit qui va s'effondrer.

« Il n'y a de feu nulle part... Que faire de tout cela ? » se demandaient-ils très embarrassés. On eût dit deux voleurs traînant une caisse qu'ils ne savent comment forcer. A la fin Monpavon, impatienté, marcha droit à une porte, la seule qu'ils n'eussent pas encore ouverte.

— Ma foi, tant pis !... Puisque nous ne pouvons pas les brûler, nous les noierons... Éclairez-moi, Jenkins. »

Et ils entrèrent.

Où étaient-ils ?... Saint-Simon racontant la débâcle d'une de ces existences souveraines, le désarroi des cérémonies, des dignités, des grandeurs causé par la mort et surtout par la mort subite, Saint-Simon seul aurait pu vous le dire... De ses mains délicates et soignées, le marquis de Monpavon pompait. L'autre lui passait les lettres déchirées, des paquets de lettres, satinées, nuancées, embaumées, parées de chiffres, d'armoiries, de banderoles à devises, couvertes d'écritures fines, pressées, griffantes, enlaçantes, persuasives; et toutes ces pages légères tournoyaient l'une sur l'autre dans des tourbillons d'eau qui les froissaient, les souillaient, délayaient leurs encres tendres avant de les laisser disparaître dans un hoquet d'égout tout au fond de la sentine immonde.

C'étaient des lettres d'amour et de toutes les sortes, depuis le billet de l'aventurière : « *Je vous ai vu passer au bois, hier, monsieur le duc...* » jusqu'aux reproches aristocratiques de l'avant-dernière maîtresse, et les plaintes des abandonnées, et la page encore fraîche des récentes confidences. Monpavon connaissait tous ces mystères, mettait un nom sur chacun d'eux : « Ça, c'est madame Moor... Tiens! madame d'Athis... » Une confusion de couronnes et d'initiales, de caprices et de vieilles habitudes, salis en ce moment par la promiscuité, tout cela s'engouffrant dans l'affreux réduit à la lueur d'une lampe, avec un bruit de déluge intermittent, s'en allant à l'oubli par un chemin honteux. Tout à coup Jenkins s'arrêta dans sa besogne destructive. Deux lettres d'un gris de satin frémissaient sous ses doigts...

« Qui ça? demanda Monpavon devant l'écriture inconnue et le trouble nerveux de l'Irlandais... Ah! docteur, si vous voulez tout lire, nous n'en finirons pas... »

Jenkins, les joues enflammées, ses deux lettres à la main, était dévoré du désir de les emporter, pour les savourer à son aise, se martyriser avec délices en les lisant, peut-être aussi se faire une arme de cette correspondance contre l'imprudente qui l'avait signée. Mais la tenue rigoureuse du marquis l'intimidait. Comment le distraire, l'éloigner? L'occasion s'offrit d'elle-même. Perdue dans les mêmes feuillets, une page minuscule, d'une écriture sénile et tremblée, attira la curiosité du charlatan, qui dit d'un air naïf:

« Oh! oh! voici qui n'a pas l'air d'un billet doux... *Mon duc, au secours, je me noie. La cour des comptes a mis de nouveau le nez dans mes affaires...*

— Qu'est-ce que vous lisez donc là?... fit Monpavon brusquement, en lui arrachant la lettre des mains. Et tout de suite, grâce à la négligence de Mora laissant traîner ainsi des lettres aussi intimes, la situation terrible dans laquelle le laissait la mort de son protecteur lui revint à l'esprit. Dans sa douleur, il n'y avait pas encore songé. Il se dit qu'au milieu de tous ses préparatifs de départ, le duc pourrait bien l'oublier; et, laissant Jenkins terminer seul la noyade de la cassette de don Juan, il revint précipitamment vers la chambre. Au moment d'entrer, le bruit d'un débat le retint derrière la portière abaissée. C'était la voix de Louis, larmoyante comme celle d'un pauvre sous un porche, cherchant à apitoyer le duc sur sa détresse et demandant la permission de prendre quelques rouleaux d'or qui traînaient dans un tiroir. Oh! quelle réponse rauque, excédée, à peine intelligible, où l'on sentait l'effort du malade obligé de se retourner dans son lit, de détacher ses yeux d'un lointain déjà entrevu :

— Oui, oui... prenez... Mais, pour Dieu! laissez-moi dormir... laissez-moi dormir... »

Des tiroirs ouverts, refermés, un souffle haletant et court... Monpavon n'en entendit pas davantage et revint sur ses pas sans entrer. La rapacité féroce de ce domestique venait d'avertir ses fiertés. Tout plutôt que de s'avilir à ce point-là.

Ce sommeil que Mora réclamait si instamment, cette léthargie, pour mieux dire, dura toute une nuit, une matinée encore avec de vagues réveils traversés de souffrances atroces, que des soporifiques calmaient chaque fois. On ne le soignait plus, on ne cherchait qu'à lui adoucir les derniers instants, à le faire glisser sur cette terrible dernière marche dont l'effort est si douloureux. Ses yeux s'étaient rouverts pendant ce temps, mais déjà obscurcis, fixant dans le vide des ombres flottantes, des formes indécises, telles qu'un plongeur en voit trembler au vague de l'eau. Dans l'après-midi du jeudi, vers trois heures, il se réveilla tout à fait et reconnaissant Monpavon, Cardailhac, deux ou trois autres intimes, il leur sourit et trahit d'un mot sa préoccupation unique :

« Qu'est-ce qu'on dit de cela dans Paris ? »

On en disait bien des choses, diverses et contradictoires ; mais à coup sûr, on ne parlait que de lui, et la nouvelle répandue depuis le matin par la ville que Mora était au plus mal, agitait les rues, les salons, les cafés, les ateliers, ravivait la question politique dans les bureaux de journaux, les cercles, jusque dans les loges de concierge et sur les omnibus, partout où les feuilles publiques déployées encadraient de commentaires ce foudroyant bruit du jour.

Il était, ce Mora, l'incarnation la plus brillante de l'Empire. Ce qu'on voit de loin dans un édifice, ce n'est pas sa base solide ou branlante, sa masse architecturale, c'est la flèche dorée et fine, brodée, découpée à jour, ajoutée pour la satisfaction du coup d'œil. Ce qu'on voyait de l'Empire en France et dans toute l'Europe, c'était Mora. Celui-là tombé, le monument se trouvait démantelé de toute son élégance, fendu de quelque longue et irréparable lézarde. Et que d'existences entraînées dans cette chute subite, que de fortunes ébranlées par les contre-coups affaiblis du désastre ! Aucune aussi complètement que celle du gros homme, immobile en bas, sur la banquette de la singerie.

Pour le Nabab, cette mort, c'était sa mort, la ruine, la fin de tout. Il le sentait si bien qu'en apprenant, à son entrée dans l'hôtel, l'état désespéré du duc, il n'avait eu ni apitoiements, ni grimaces d'aucune sorte, seulement le mot féroce de l'égoïsme humain : « Je suis perdu. » Et ce mot lui revenait toujours, il le répétait machinalement chaque fois que toute l'horreur de sa situation se montrait à lui, par brusques échappées, ainsi qu'il arrive dans ces dangereux orages de montagne, quand un éclair subitement projeté illumine l'abîme jusqu'au fond, avec les blessantes anfractuosités des parois et les buissons en escalade pour toutes les déchirures de la chute.

Cette clairvoyance rapide qui accompagne les cataclysmes ne lui faisait grâce d'aucun détail. Il voyait l'invalidation presque certaine, à présent que Mora ne serait plus là pour plaider sa cause, puis les conséquences de l'échec, la faillite, la misère et quelque chose de pis, car ces richesses incalculables quand elles s'écroulent, gardent toujours un peu de l'honorabilité d'un homme sous leurs décombres. Mais que de ronces, que d'épines, que d'égratignures et de blessures cruelles avant d'arriver au bout! Dans huit jours les billets Schwalbach, c'est-à-dire huit cent mille francs à payer, l'indemnité de Moëssard, qui voulait cent mille francs ou demander à la Chambre l'autorisation de le poursuivre en correctionnelle, un procès encore plus sinistre intenté par les familles de deux petits martyrs de Bethléem contre les fondateurs de l'œuvre, et brochant sur le tout les complications de la *Caisse territoriale*. Un seul espoir, la démarche de Paul de Géry auprès du bey, mais si vague, si chimérique, si lointain.

« Ah! je suis perdu... je suis perdu... »

Dans l'immense salon d'entrée personne ne remarquait son trouble. Cette foule de sénateurs, de députés, de conseillers d'État, toute la haute administration, allait, venait autour de lui sans le voir, accoudant son importance inquiète et des conciliabules mystérieux aux deux cheminées de marbre blanc qui se faisaient face. Tant d'ambitions désappointées, trompées, précipitées se croisaient dans cette visite *in extremis* que les inquiétudes intimes dominaient toute autre préoccupation.

Les visages, chose étrange, n'exprimaient ni pitié ni douleur, plutôt une sorte de colère. Tous ces gens semblaient en vouloir au duc de sa mort comme d'un abandon. On entendait des phrases dans ce genre: « Ce n'est pas étonnant avec une vie pareille! » Et, par les hautes croisées, ces messieurs se montraient, à travers le va-et-vient des équipages dans la cour, l'arrêt de quelque petit coupé en dehors duquel une main étroitement gantée, avec le frôlement de sa manche de dentelle sur la portière, tendait une carte pliée au valet de pied apportant des nouvelles.

De temps en temps un des familiers du palais, de ceux que le mourant avait appelés auprès de lui, faisait une apparition dans cette mêlée, donnait un ordre, puis s'en allait laissant l'expression effarée de sa figure reflétée sur vingt autres. Jenkins un moment se montra ainsi, la cravate dénouée, le gilet ouvert, les manchettes chiffonnées, dans tout le désordre de la bataille qu'il livrait là-haut contre une effroyable lutteuse. Il se vit tout de suite entouré, pressé de questions. Certes les ouistitis aplatissant leur nez court au treillis de la cage, énervés par un tumulte inusité et très attentifs à ce qui se passait comme s'ils étaient en train de faire une étude raisonnée de la grimace humaine, avaient un magnifique modèle dans le médecin irlandais. Sa douleur était superbe, une belle douleur mâle et forte qui lui serrait les lèvres, faisait haleter sa poitrine.

« L'agonie est commencée, dit-il lugubrement... Ce n'est plus qu'une affaire d'heures. »

Et comme Jansoulet s'approchait, il s'adressa à lui d'un ton emphatique :

« Ah! mon ami, quel homme!... Quel courage!... Il n'a oublié personne. Tout à l'heure, encore, il me parlait de vous.

— Vraiment?

— Ce pauvre Nabab, disait-il, où en est son élection ? »

Et c'était tout. Le duc n'avait rien ajouté de plus.

Jansoulet baissa la tête. Qu'espérait-il donc ? N'était-ce pas assez qu'en un pareil moment, un homme comme Mora eût pensé à lui ?... Il retourna s'asseoir sur sa banquette, retomba dans son anéantissement galvanisé par une minute de fol espoir, assista sans y songer à la désertion presque complète de la vaste salle, et ne s'aperçut qu'il était le seul et dernier visiteur qu'en entendant causer tout haut la valetaille dans le jour qui tombait :

« Moi, j'en ai assez..., je ne sers plus.

— Moi, je reste avec la duchesse... »

Et ces projets, ces décisions en avance de quelques heures sur la mort condamnaient le noble duc plus sûrement encore que la Faculté.

Le Nabab comprit alors qu'il était temps de se retirer, mais auparavant il voulut s'inscrire au registre du suisse. Il s'approcha de la table, se pencha beaucoup pour y voir clair. La page était pleine. On lui indiqua un blanc au-dessous d'une toute petite écriture filamenteuse comme en tracent les doigts trop gros, et, quand il eut signé, le nom d'Hemerlingue se trouva dominer le sien, l'écraser, l'enlacer d'un paraphe insidieux. Superstitieux comme un vrai

Latin qu'il était, il fut frappé de ce présage, en emporta l'épouvante avec lui.

Où dînerait-il?... Au cercle?... Place Vendôme?... Entendre encore parler de cette mort qui l'obsédait!... Il préféra s'en aller au hasard, droit devant lui, comme tous ceux que tient une idée fixe qu'ils espèrent dissiper en marchant. La soirée était tiède, parfumée. Il suivit les quais, toujours les quais, gagna les arbres du Cours-la-Reine, puis revint dans ce mélange de fraîcheur d'arrosage et d'odeur de poussière fine qui caractérise les beaux soirs à Paris. A cette heure mixte tout était désert. Ça et là des girandoles s'allumaient pour les concerts, des flambées de gaz sortaient de la verdure. Un bruit de verres et d'assiettes venu d'un restaurant lui donna l'idée d'entrer là.

Il avait faim quand même, ce robuste. On le servit sous une vérandah aux parois vitrées, doublées de feuillage et donnant de face sur ce grand porche du Palais de l'Industrie, où le duc, en présence de mille personnes, l'avait salué député. Le visage fin et aristocratique lui apparut en souvenir sous la nuit de la voûte, tandis qu'il le voyait aussi là-bas dans la blancheur funèbre de l'oreiller; et, tout à coup, en regardant la carte que le garçon lui présentait, il s'aperçut avec stupeur qu'elle portait la date du vingt mai... Ainsi un mois ne s'était pas écoulé depuis l'ouverture de l'Exposition.

Il lui semblait qu'il y avait dix ans de cela. Peu à peu cependant la chaleur du repas lui réconforta le cœur. Dans le couloir, il entendait des garçons qui parlaient :

« A-t-on des nouvelles de Mora? Il paraît qu'il est très malade...

— Laisse donc, va. Il s'en tirera encore... Il n'y a de chance que pour ceux-là? »

Et l'espérance est si fort ancrée aux entrailles humaines que, malgré ce que Jansoulet avait vu et entendu, il suffit de ces quelques mots aidés de deux bouteilles de bourgogne et de quelques petits verres pour lui rendre le courage. Après tout, on en avait vu revenir d'aussi loin. Les médecins exagèrent souvent le mal pour avoir plus de mérite ensuite à le conjurer. « Si j'allais voir... » Il revint vers l'hôtel, plein d'illusion, faisant appel à cette chance qui l'avait servi tant de fois dans la vie. Et vraiment l'aspect de la princière demeure avait de quoi fortifier son espoir. C'était la physionomie rassurante et tranquille des soirs ordinaires, depuis l'avenue éclairée de loin en loin, majestueuse et déserte, jusqu'au perron au pied duquel un vaste carrosse de forme antique attendait.

Dans l'antichambre, paisible aussi, brûlaient deux énormes lampes. Un valet de pied dormait dans un coin, le suisse lisait devant la cheminée. Il regarda le nouvel arrivant par-dessus ses lunettes, ne lui dit rien, et Jansoulet n'osa rien demander. Des piles de journaux gisant sur la table avec leurs bandes au nom du duc semblaient avoir été jetées là comme inutiles. Le Nabab en ouvrit un, essaya de lire, mais une marche rapide et glissante, un chuchotement de mélopée lui firent lever les yeux sur un vieillard blanc et courbé, paré de guipures comme un autel, et qui priait en s'en allant à grands pas de prêtre, sa longue soutane rouge déployée en traîne sur le tapis. C'était l'archevêque de Paris, accompagné de deux assistants. La vision avec son murmure de bise glacée passa vite devant Jansoulet, s'engouffra dans le grand carrosse et disparut emportant sa dernière espérance.

« Question de convenance, mon cher, fit Monpavon paraissant tout à coup auprès de lui... Mora est un épicurien, élevé dans les idées de chose... machin... comment donc? Dix-huitième siècle... Mais très mauvais pour les masses, si un homme dans sa position... ps, ps, ps,... Ah! c'est notre maître à tous... ps, ps,... tenue irréprochable.

— Alors, c'est fini? dit Jansoulet, atterré... Il n'y a plus d'espoir... »

Monpavon lui fit signe d'écouter. Une voiture roulait sourdement dans l'avenue du quai. Le timbre d'arrivée sonna précipitamment plusieurs coups de suite. Le marquis comptait à haute voix... « Un, deux, trois, quatre... » Au cinquième, il se leva :

« Plus d'espoir maintenant. Voilà l'autre qui arrive, » dit-il, faisant allusion à la superstition parisienne qui voulait que cette visite du souverain fût toujours fatale aux moribonds. De partout les laquais se hâtaient, ouvraient les portes à deux battants, formaient la haie, tandis que le suisse, le chapeau en bataille, annonçait du retentissement de sa pique sur les dalles le passage de deux ombres augustes, que Jansoulet ne fit qu'entrevoir confusément derrière la livrée, mais qu'il aperçut dans une longue perspective de portes ouvertes, gravissant le grand escalier, précédées d'un valet portant un candélabre. La femme montait droite et fière, enveloppée de ses noires mantilles d'espagnole; l'homme se tenait à la rampe, plus lent et fatigué, le collet de son pardessus clair remontant sur un dos un peu voûté qu'agitait un sanglot convulsif.

« Allons-nous-en, Nabab. Plus rien à faire ici, dit le vieux beau, prenant Jansoulet par le bras et l'entraînant dehors. Il s'arrêta sur le seuil, la main haute, fit un petit salut du bout des gants vers celui qui mourait là-haut. « Bojou, ché... » Le geste et l'accent étaient mondains, irréprochables; mais la voix tremblait un peu.

Le cercle de la rue Royale, dont les parties

sont renommées, en vit rarement d'aussi terrible que celle de cette nuit-là. Commencée à onze heures, elle durait encore à cinq heures du matin. Des sommes énormes roulèrent sur le tapis vert, changeant de main et de direction, entassées, dispersées, rejointes; des fortunes s'engloutirent dans cette partie monstre, à la fin de laquelle le Nabab, qui l'avait mise en train pour oublier ses terreurs dans les hasards de la chance, après des alternatives singulières, des sauts de fortune à faire blanchir les cheveux d'un néophyte, se retira avec un gain de cinq cent mille francs. On disait cinq millions le lendemain sur le boulevard, et chacun criait au scandale, surtout le *Messager,* aux trois quarts rempli d'un article contre certains aventuriers tolérés dans les cercles et qui causent la ruine des plus honorables familles.

Hélas! ce que Jansoulet avait gagné représentait à peine les premiers billets Schwalbach...

Durant cette partie enragée, dont Mora était pourtant la cause involontaire et comme l'âme, son nom ne fut pas une fois prononcé. Ni Cardailhac, ni Jenkins ne parurent. Monpavon avait pris le lit, plus atteint qu'il ne voulait le laisser croire. On était sans nouvelles.

« Est-il mort? » se dit Jansoulet en sortant du cercle, et l'envie lui vint d'aller voir là-bas avant de rentrer. Ce n'était plus l'espérance qui le poussait maintenant, mais cette sorte de curiosité maladive et nerveuse qui ramène après un grand incendie les malheureux sinistrés, ruinés et sans asile, sur les décombres de leur maison.

Quoiqu'il fût de très bonne heure encore, qu'une rose buée d'aube roulât dans l'air, tout l'hôtel était grand ouvert comme pour un départ solennel. Les lampes fumaient toujours sur les cheminées, une poussière flottait. Le Nabab avança dans une solitude inexplicable d'abandon jusqu'au premier étage où il entendit une voix connue, celle de Cardailhac, qui dictait des noms, et le grincement des plumes sur le papier. L'habile metteur en scène des fêtes du bey organisait avec la même ardeur les pompes funèbres du duc de Mora. Quelle activité! L'Excellence était morte dans la soirée, dès le matin dix mille lettres s'imprimaient déjà, et tout ce qui dans la maison savait tenir une plume, s'occupait aux adresses. Sans traverser ces bureaux improvisés, Jansoulet arrivait au salon d'attente si peuplé d'ordinaire, aujourd'hui tous ses fauteuils vides. Au milieu, sur une table, le chapeau, la canne et les gants de M. le duc, toujours préparés pour les sorties imprévues de façon à éviter même le souci d'un ordre. Les objets que nous portons gardent quelque chose de nous. La courbe du chapeau rappelait celle des moustaches, les gants clairs étaient prêts à serrer le jonc chinois souple et solide, tout l'ensemble frémissait et vivait comme si le duc allait paraître, étendre la main en causant, prendre cela et sortir.

Oh! non, M. le duc n'allait pas sortir... Jansoulet n'eut qu'à s'approcher de la porte de la chambre entre-bâillée, pour voir sur le lit élevé de trois marches — toujours l'estrade même après la mort — une forme rigide, hautaine, un profil immobile et vieilli, transformé par la barbe poussée toute grise en une nuit; contre le chevet en pente, agenouillée, affaissée dans les draperies blanches, une femme dont les cheveux blonds ruisselaient abandonnés, prêts à tomber sous les ciseaux de l'éternel veuvage, puis un prêtre, une religieuse, recueillis dans cette atmosphère de la veillée mortuaire où se mêlent la fatigue des nuits blanches et les chuchotements de la prière et de l'ombre.

Cette chambre où tant d'ambitions avaient senti grandir leurs ailes, où s'agitèrent tant d'espoirs et de déconvenues, était tout à l'apaisement de la mort qui passe. Pas un bruit, pas un soupir. Seulement, malgré l'heure matinale, là-bas, vers le pont de la Concorde, une petite clarinette aigre et vive dominait le roulement des premières voitures; mais sa raillerie énervante était désormais perdue pour celui qui dormait là, montrant au Nabab épouvanté l'image de son propre destin, froidi, décoloré, prêt pour la tombe.

D'autres que Jansoulet l'ont vue plus lugubre encore, cette pièce mortuaire. Les fenêtres grandes ouvertes. La nuit et le vent du jardin entrant librement dans un grand courant d'air. Une forme sur un tréteau : le corps qu'on venait d'embaumer. La tête creuse, remplie d'une éponge, la cervelle dans un baquet. Le poids de cette cervelle d'homme d'État était vraiment extraordinaire. Elle pesait, elle pesait... Les journaux du temps ont dit le chiffre. Mais qui s'en souvient aujourd'hui?

XIX

LES FUNÉRAILLES

« Ne pleure pas, ma fée, tu m'enlèves tout mon courage. Voyons, tu seras bien plus heureuse quand tu n'auras plus ton affreux démon... Tu vas retourner à Fontainebleau soigner tes poules... Les dix mille francs de Brahim serviront à t'installer... Et puis, n'aie pas peur, une fois là-bas, je t'enverrai de l'argent. Puisque ce bey veut avoir de ma sculpture, on va lui faire payer la façon, tu penses... Je reviendrai riche, riche... Qui sait ? Peut-être sultane...

— Oui, tu serassultane... mais moi, je serai morte, et je ne te verrai plus. »

Et la bonne Crenmitz désespérée se serrait

dans un coin du fiacre pour qu'on ne la vît pas pleurer.

Félicia quittait Paris. Elle essayait de fuir l'horrible tristesse, l'écœurement sinistre où la mort de Mora venait de la plonger. Quel coup terrible pour l'orgueilleuse fille ! L'ennui, le dépit, l'avaient jetée dans les bras de cet homme ; fierté, pudeur, elle lui avait tout donné, et voilà qu'il emportait tout, la laissant fanée pour la vie, veuve sans larmes, sans deuil, sans dignité. Deux ou trois visites à Saint-James, quelques soirées au fond d'une baignoire de petit théâtre derrière le grillage où se cloître le plaisir défendu et honteux, c'étaient les seuls souvenirs que lui laissait cette liaison de deux semaines, cette faute sans amour où son orgueil même n'avait pu se satisfaire par l'éclat d'un beau scandale. La souillure inutile et ineffaçable, la chute bête en plein ruisseau d'une femme qui ne sait pas marcher, et que gêne pour se relever l'ironique pitié des passants.

Un instant elle pensa au suicide, puis l'idée qu'on l'attribuerait à un désespoir de cœur l'arrêta. Elle vit d'avance l'attendrissement sentimental des salons, la sotte figure que ferait sa prétendue passion au milieu des innombrables bonnes fortunes du duc, et les violettes de Parme effeuillées par les jolis Moëssard du journalisme sur sa tombe creusée si proche de l'autre. Il lui restait le voyage, un de ces voyages tellement lointains qu'ils dépaysent jusqu'aux pensées. Malheureusement l'argent manquait. Alors elle se souvint qu'au lendemain de son grand succès à l'Exposition, le vieux Brahim-Bey était venu la voir, lui faire au nom de son maître des propositions magnifiques pour de grands travaux à exécuter à Tunis. Elle avait dit non, à ce moment-là, sans se laisser tenter par des prix orientaux, une hospitalité splendide, la plus belle cour du Bardo comme atelier avec son pourtour d'arcades en dentelle. Mais à présent elle voulait bien. Elle n'eut qu'un signe à faire, le marché fut tout de suite conclu, et après un échange de dépêches, un emballage hâtif et la maison fermée, elle prit le chemin de la gare comme pour une absence de huit jours, étonnée elle-même de sa prompte décision, flattée dans tous les côtés aventureux et artistiques de sa nature par l'espoir d'une vie nouvelle sous un climat inconnu.

Le yacht de plaisance du bey devait l'attendre à Gênes; et d'avance, fermant les yeux dans le fiacre qui l'emmenait, elle voyait les pierres blanches d'un port italien enserrant une mer irisée où le soleil avait déjà des lueurs d'Orient, où tout chantait, jusqu'au gonflement des voiles sur le bleu. Justement ce jour-là Paris était boueux, uniformément gris, inondé d'une de ces pluies continues qui semblent faites pour lui seul, être montées en nuages de son fleuve, de ses fumées, de son haleine de monstre, et redescendues en ruissellement de ses toits, de ses gouttières, des innombrables fenêtres de ses mansardes. Félicia avait hâte de le fuir, ce triste Paris, et son impatience fiévreuse s'en prenait au cocher qui ne marchait pas, aux chevaux, deux vraies rosses de fiacre, à un encombrement inexplicable de voitures, d'omnibus refoulés aux abords du pont de la Concorde.

« Mais allez donc, cocher, allez donc...

— Je ne peux pas, Madame..., c'est l'enterrement. »

Elle mit la tête à la portière et la retira tout de suite épouvantée. Une haie de soldats marchant le fusil renversé, une confusion de casques, de coiffures soulevées au dessus des fronts sur le passage d'un interminable cortège. C'était l'enterrement de Mora qui défilait...

« Ne restez pas là... faites le tour..., cria-t-elle au cocher... »

La voiture vira péniblement, s'arrachant à regret à ce spectacle superbe que Paris attendait depuis quatre jours, remonta les avenues, prit la rue Montaigne, et, de son petit trot rechigné et lambin, déboucha à la Madeleine par le boulevard Malesherbes. Ici, l'encombrement était plus fort, plus compact. Dans la pluie brumeuse, les vitraux de l'église illuminés, le retentissement sourd des chants funèbres sous les tentures noires prodiguées où disparaissait même la forme du temple grec, remplissaient toute la place de l'office en célébration, tandis que la plus grande partie de l'immense convoi se pressait encore dans la rue Royale, jusque vers les ponts, longue ligne noire rattachant le défunt à cette grille du Corps législatif qu'il avait si souvent franchie. Au delà de la Madeleine, la chaussée des boulevards s'ouvrait toute vide, élargie, entre deux haies de soldats, l'arme au pied, contenant les curieux sur les trottoirs noirs de monde, tous les magasins fermés, et les balcons, malgré la pluie, débordant de corps penchés en avant dans la direction de l'église, comme pour un passage de bœuf gras ou une rentrée de troupes victorieuses. Paris, affamé de spectacles, s'en fait indifféremment avec tout, aussi bien la guerre civile que l'enterrement d'un homme d'État...

Il fallut que le fiacre revînt encore sur ses pas, fît un nouveau détour, et l'on se figure la mauvaise humeur du cocher et de ses bêtes, tous trois Parisiens dans l'âme et furieux de se priver d'une si belle représentation. Alors commença par les rues désertes et silencieuses, toute la vie de Paris s'étant portée dans la grande artère du boulevard, une course capricieuse et désordonnée, un trimballement insensé de fiacre à l'heure, touchant aux points extrêmes du faubourg Saint-Martin, du faubourg

Saint-Denis, redescendant vers le centre et retrouvant toujours à bout de circuits et de ruses le même obstacle embusqué, le même attroupement, quelque tronçon du noir défilé entrevu dans l'écartement d'une rue, se déroulant lentement sous la pluie au son des tambours voilés, son mat et lourd comme celui de la terre s'éboulant dans un trou.

Quel supplice pour Félicia ! C'étaient sa faute et son remords qui traversaient Paris dans cette pompe solennelle, ce train funèbre, ce deuil public reflété jusqu'aux nuages ; et l'orgueilleuse fille se révoltait contre cet affront que lui faisaient les choses, le fuyait au fond de la voiture, où elle restait les yeux fermés, anéantie, tandis que la vieille Crenmitz, croyant à son chagrin, la voyant si nerveuse, s'efforçait de la consoler, pleurait elle-même sur leur séparation, et, se cachant aussi, laissait toute la portière du fiacre au grand sloughi algérien, sa tête fine flairant le vent, et ses deux pattes despotiquement appuyées avec une raideur héraldique. Enfin, après mille détours interminables, le fiacre s'arrêta tout à coup, s'ébranla encore péniblement au milieu de cris et d'injures, puis ballotté, soulevé, les bagages de son faîte menaçant son équilibre, il finit par ne plus bouger, arrêté, maintenu, comme à l'ancre.

« Bon Dieu ! que de monde !... murmura la Crenmitz, terrifiée. »

Félicia sortit de sa torpeur :

« Où sommes-nous donc? »

Sous un ciel incolore, enfumé, rayé d'une pluie à fins réseaux tendue en gaze sur la réalité des choses, une place s'étendait, un carrefour immense, comblé par un océan humain s'écoulant de toutes les voix aboutissantes, immobilisé là autour d'une haute colonne de bronze qui dominait cette houle comme le mât gigantesque d'un navire sombré. Des cavaliers par escadrons, le sabre au poing, des canons en batteries s'espaçaient au bord d'une travée libre, tout un appareil farouche attendant celui qui devait passer tout à l'heure, peut-être pour essayer de le reprendre, l'enlever de vive force à l'ennemi formidable qui l'emmenait. Hélas! Toutes les charges de cavalerie, toutes les canonnades n'y pouvaient plus rien. Le prisonnier s'en allait solidement garotté, défendu par une triple muraille de bois dur, de métal et de velours inaccessible, et ce n'était pas de ces soldats qu'il pouvait espérer sa délivrance.

« Allez-vous-en... je ne veux pas rester là, » dit Félicia furieuse, attrapant le carrick mouillé du cocher, prise d'une terreur folle à l'idée du cauchemar qui la poursuivait, de ce qu'elle entendait venir dans un affreux roulement encore lointain, plus proche de minute en minute. Mais, au premier mouvement des roues, les cris, les huées recommencèrent. Pensant qu'on le laisserait franchir la place, le cocher avait pénétré à grand'peine jusqu'aux premiers rangs de la foule maintenant refermée derrière lui et refusant de lui livrer passage. Nul moyen de reculer ou d'avancer. Il fallait rester là, supporter ces haleines de peuple et d'alcool, ces regards curieux allumés d'avance pour un spectacle exceptionnel, et dévisageant la belle voyageuse qui décampait avec « que ça de malles ! » et un toutou de cette taille pour défenseur. La Crenmitz avait une peur horrible ; Félicia, elle, ne songeait qu'à une chose, c'est qu'il allait passer devant elle, qu'elle serait au premier rang pour le voir.

Tout à coup un grand cri : « Le voilà ! » Puis le silence se fit sur toute la place débarrassée de trois lourdes heures d'attente.

Il arrivait.

Le premier mouvement de Félicia fut de baisser le store de son côté, du côté où le défilé allait avoir lieu. Mais, au roulement tout proche des tambours, prise d'une rage nerveuse de ne pouvoir échapper à cette obsession, peut-être aussi gagnée par la malsaine curiosité environnante, elle fit sauter le store brusquement, et sa petite tête ardente et pâle se campa sur ses deux poings à la portière :

« Tiens ! tu veux... Je te regarde... »

C'était ce qu'on peut voir de plus beau

comme funérailles, les honneurs suprêmes rendus dans tout leur vain apparat aussi sonore, aussi creux que l'accompagnement rhytmé des peaux d'âne tendues de crêpe. D'abord les surplis blancs du clergé entrevus dans le deuil des cinq premiers carrosses; ensuite, traîné par six chevaux noirs, vrais chevaux de l'Érèbe, aussi noirs, aussi lents, aussi pesants que son flot, s'avançait le char funèbre, tout empanaché, frangé, brodé d'argent, de larmes lourdes, de couronnes héraldiques surmontant des M gigantesques, initiales fatidiques qui semblaient celles de la Mort elle-même, la Mort duchesse, décorée des huit fleurons.

Tant de baldaquins et de massives tentures dissimulaient la vulgaire carcasse du corbillard, qu'il frémissait, se balançait à chaque pas, de la base au faîte comme écrasé par la majesté de son mort. Sur le cercueil, l'épée, l'habit, le chapeau brodé, défroque de parade qui n'avait jamais servi, reluisaient d'or et de nacre dans la chapelle sombre des tentures parmi l'éclat des fleurs nouvelles qui disaient la date printanière malgré la maussaderie du ciel. A dix pas de distance, les gens de la maison du duc; puis derrière, dans un isolement majestueux, l'officier en manteau portant les pièces d'honneur, véritable étalage de tous les ordres du monde entier, croix, rubans multicolores, qui débordaient du coussin de velours noir à crépines d'argent.

Le maître des cérémonies venait ensuite devant le bureau du Corps législatif, une douzaine de députés désignés par le sort, ayant au milieu d'eux la grande taille du Nabab dans l'étrenne du costume officiel, comme si l'ironique fortune avait voulu donner au représentant à l'essai un avant-goût de toutes les joies parlementaires. Les amis du défunt, qui suivaient, formaient un groupe assez restreint, singulièrement bien choisi pour mettre à nu le superficiel et le vide de cette existence de grand personnage réduite à l'intimité d'un directeur de théâtre trois fois failli, d'un marchand de tableaux enrichi par l'usure, d'un gentilhomme taré et de quelques viveurs et boulevardiers sans renom. Jusque-là tout le monde allait à pied et tête nue; à peine dans le bureau parlementaire quelques calottes de soie noire qu'on avait mises timidement en approchant des quartiers populeux. Après, commençaient les voitures.

A la mort d'un grand homme de guerre, il est d'usage de faire suivre le convoi par le cheval favori du héros, son cheval de bataille, obligé de régler au pas ralenti du cortège cette allure fringante qui dégage des odeurs de poudre et des flamboiements d'étendards. Ici le grand coupé de Mora, ce « huit-ressorts » qui le portait aux assemblées mondaines ou politiques, tenait la place de ce compagnon des victoires, ses panneaux tendus de noir, ses lanternes enveloppées de longs crêpes légers flottant jusqu'à terre avec je ne sais quelle grâce féminine ondulante. C'était une nouvelle mode funéraire, ces lanternes voilées, le suprême « chic » du deuil; et il seyait bien à ce dandy de donner une dernière leçon d'élégance aux Parisiens accourus à ses obsèques comme à un Longchamps de la mort.

Encore trois maîtres de cérémonie, puis venait l'impassible pompe officielle, toujours la même pour les mariages, les décès, les baptêmes, l'ouverture des Parlements ou les réceptions de souverains, l'interminable cortège des carrosses de gala, étincelants, larges glaces, livrées voyantes chamarrées de dorures, qui passaient au milieu du peuple ébloui auquel ils rappelaient les contes de fées, les attelages de Cendrillon, en soulevant de ces « Oh! » d'admiration qui montent et s'épanouissent avec les fusées, les soirs des feux d'artifice. Et dans la foule il se trouvait toujours un sergent de ville complaisant, un petit bourgeois érudit et flâneur, à l'affût des cérémonies publiques, pour nommer à haute voix tous les gens des voitures à mesure qu'elles défilaient avec leurs escortes réglementaires de dragons, cuirassiers ou gardes de Paris.

D'abord les représentants de l'empereur, de l'impératrice, de toute la famille impériale;

après, dans un ordre hiérarchique savamment élaboré et auquel la moindre infraction aurait pu causer de graves conflits entre les différents corps de l'État, les membres du conseil privé, les maréchaux, les amiraux, le grand chancelier de la Légion d'honneur, ensuite le Sénat, le Corps législatif, le Conseil d'État, toute l'organisation justicière et universitaire dont les costumes, les hermines, les coiffures vous ramenaient au temps du vieux Paris quelque chose de pompeux et de suranné, dépaysé dans l'époque sceptique de la blouse et de l'habit noir.

Félicia, pour ne pas penser, attachait volontairement ses yeux à ce défilé monotone d'une longueur exaspérante; et peu à peu une torpeur lui venait, comme si par un jour de pluie sur le guéridon d'un salon ennuyeux elle eût feuilleté un album colorié, une histoire du costume officiel depuis les temps les plus reculés jusqu'à nos jours. Tous ces gens, vus de profil, immobiles et droits derrière les larges panneaux de glace avaient bien la physionomie de personnages d'enluminures avancés au bord des banquettes pour qu'on ne perdît rien de leurs broderies d'or, de leurs palmes, de leurs galons, de leurs soutaches, mannequins voués à la curiosité de la foule et s'y exposant d'un air indifférent et détaché.

L'indifférence!... C'était là le caractère très

particulier de ces funérailles. On la sentait partout, sur les visages et dans les cœurs, aussi bien parmi tous ces fonctionnaires dont la plupart avaient connu le duc de vue seulement, que dans les rangs à pied entre son corbillard et son coupé, l'intimité étroite ou le service de tous les jours. Indifférent et même joyeux, le gros ministre vice-président du conseil, qui, de sa poigne robuste habituée à fendre le bois des tribunes, tenait solidement les cordons du poêle, avait l'air de le tirer en avant, plus pressé que les chevaux et le corbillard de mener à ses six pieds de terre l'ennemi de vingt ans, l'éternel rival, l'obstacle à toutes les ambitions. Les trois autres dignitaires n'avançaient pas avec cette même vigueur de cheval de remonte, mais les longues laisses flottaient dans leurs mains excédées ou distraites, d'une mollesse significative. Indifférents les prêtres, par profession. Indifférents les gens de service, qu'il n'appelait jamais que « chose », et qu'il traitait, en effet, comme des choses. Indifférent M. Louis, dont c'était le dernier jour de servitude, esclave devenu affranchi, assez riche pour payer sa rançon. Même chez les intimes, ce froid glacial avait pénétré. Pourtant quelques-uns lui étaient très attachés. Mais Cardailhac surveillait trop l'ordre et la marche de la cérémonie pour se livrer au moindre attendrissement, d'ailleurs en dehors de sa nature. Le vieux Monpavon, frappé au cœur, aurait trouvé d'une tenue déplorable tout à fait indigne de son illustre ami la moindre flexion de sa cuirasse de toile et de sa haute taille. Ses yeux restaient secs, aussi luisants que jamais, puisque les Pompes funèbres fournissent les larmes des grands deuils, brodées d'argent sur drap noir. Quelqu'un pleurait cependant, là-bas, parmi les membres du bureau; mais celui-là s'attendrissait bien naïvement sur lui-même. Pauvre Nabab, amolli par ces musiques, cette pompe, il lui semblait qu'il enterrait toute sa fortune, toutes ses ambitions de gloire et de dignité. Et c'était encore une variété d'indifférence.

Dans le public le contentement d'un beau spectacle, cette joie de faire d'un jour de semaine un dimanche dominaient tout autre sentiment. Sur le parcours des boulevards, les spectateurs des balcons auraient presque applaudi; ici, dans les quartiers populeux, l'irrévérence se manifestait encore plus franchement. Des blagues, des mots de voyou sur le mort et ses frasques que tout Paris connaissait, des rires soulevés par les grands chapeaux des rabbins, la « touche » du conseil des prud'hommes, se croisaient dans l'air entre deux roulements de tambour. Les pieds dans l'eau, en blouse, en bourgeron, la casquette levée par habitude, la misère, le travail forcé, le chômage et la grève, regardaient passer en ricanant cet habitant d'une autre sphère, ce brillant duc descendu de tous ses honneurs, et qui jamais peut-être de son vivant n'avait abordé cette extrémité de ville. Mais voilà. Pour arriver là-haut où tout le monde va, il faut prendre la route de tout le monde, le faubourg Saint-Antoine, la rue de la Roquette, jusqu'à cette grande porte d'octroi si largement ouverte sur l'infini. Et dame ! cela semble bon de voir que des seigneurs comme Mora, des ducs, des ministres, remontent tous le même chemin pour la même destination. Cette égalité dans la mort console de bien des injustices de la vie. Demain, le pain semblera moins cher, le vin meilleur, l'outil moins lourd, quand on pourra se dire en se levant : « Tout de même, ce vieux Mora, il y est venu comme les autres !... »

Le défilé continuait toujours, plus fatigant encore que lugubre. A présent c'étaient des sociétés chorales, les députations de l'armée, de la marine, officiers de toutes armes, se pressant en troupeau devant une longue file de véhicules vides, voitures de deuil, voitures de maîtres alignées là pour l'étiquette; puis les troupes suivaient à leur tour, et dans le faubourg sordide, cette longue rue de la Roquette déjà fourmillante à perte de vue, s'engouffrait toute une armée, fantassins, dragons, lanciers, carabiniers, lourds canons la gueule en l'air, prêts à aboyer, ébranlant les pavés et les vitres, mais ne parvenant pas à couvrir le ronflement des tambours, ronflement sinistre et sauvage qui rappelait l'imagination de Félicia vers ces funérailles de Négous africains où des milliers de victimes immolées accompagnent l'âme d'un prince pour qu'elle ne s'en aille pas seule au royaume des esprits, et lui faisait penser que peut-être cette pompeuse et interminable suite allait descendre et disparaître dans la fosse surhumaine assez grande pour la contenir toute.

« ... *Maintenant et à l'heure de notre mort. Ainsi soit-il,* » murmura la Crenmitz pendant que le fiacre s'ébranlait sur la place éclaircie où la Liberté toute en or semblait prendre là-haut dans l'espace une magique envolée; et cette prière de la vieille danseuse fut peut-être la seule note émue et sincère soulevée sur l'immense parcours des funérailles.

Tous les discours sont finis, trois longs discours aussi glacials que le caveau où le mort vient de descendre, trois déclamations officielles qui ont surtout fourni aux orateurs l'occasion de faire parler bien haut leur dévouement aux intérêts de la Dynastie. Quinze fois les canons ont frappé les échos nombreux du cimetière, agité les couronnes de jais et d'immortelles, les ex-votos légers pendus aux angles des entourages, et tandis qu'une buée rougeâtre flotte et roule dans une odeur de poudre à travers la ville des morts, monte et se mêle lentement aux fumées d'usine du quartier plébéien, l'innombrable assemblée se disperse aussi, disséminée par les rues en pente, les hauts escaliers tout blancs dans la verdure, avec un murmure confus, un ruissellement de flots sur les roches. Robes pourpres, robes noires, habits bleus et verts, aiguillettes d'or, fines épées qu'on assure de la main en marchant, se hâtent de rejoindre les voitures. On échange de grands saluts, des sourires discrets, pendant que les carrosses de deuil dégringolent les allées au galop, montrent des alignements de cochers noirs, le dos arrondi, le chapeau en bataille, le carrick flottant au vent de la course.

L'impression génerale, c'est le débarras d'une longue et fatigante figuration, un empressement légitime à aller quitter le harnais administratif, les costumes de cérémonie, à déboucler les ceinturons, les hausse-cols et les rabats, à détendre les physionomies qui, elles aussi, portaient des entraves.

Lourd et court, traînant péniblement ses jambes enflées, Hemerlingue se dépêchait vers la sortie, résistant aux offres qu'on lui faisait de monter dans les voitures, sachant bien que la sienne seule était à la mesure de son éléphantiasis.

« Baron, baron, par ici... Il y a une place pour vous.

— Non, merci. Je marche pour me dégourdir. »

Et, afin d'éviter ces propositions qui à la longue le gênaient, il prit une allée transversale presque déserte, trop déserte même, car à peine y fut-il engagé que le baron le regretta. Depuis son entrée dans le cimetière, il n'avait qu'une préoccupation, la peur de se trouver face à face avec Jansoulet dont il connaissait la violence, et qui pourrait bien oublier la majesté du lieu, renouveler en plein Père-Lachaise le scandale de la rue Royale. Deux ou trois fois pendant la cérémonie, il avait vu la grosse tête de l'ancien copain émerger de cette quantité de types incolores dont l'assistance était pleine et se diriger vers lui, le chercher avec le désir d'une rencontre. Encore là-bas, dans la grande allée, on aurait eu du monde en cas de malheur, tandis qu'ici... Brr... C'est cette inquiétude qui lui faisait forcer son pas court, son haleine soufflante; mais en vain. Comme il se retournait dans sa peur d'être suivi, les hautes et robustes épaules du Nabab apparurent à l'entrée de l'allée. Impossible au poussah de se faufiler dans l'étroit écart des tombes si serrées que la place y manque aux agenouillements. Le sol gras et détrempé glissait, s'enfonçait sous ses pieds. Il prit le parti de marcher d'un air indifférent, comptant que l'autre ne le reconnaîtrait peut-être pas. Mais une voix éraillée et puissante cria derrière lui :

« Lazare ! »

Il s'appelait Lazare, ce richard. Il ne répondit pas, essaya de rejoindre un groupe d'officiers qui marchait devant lui, très loin.

« Lazare ! Oh ! Lazare ! »

Comme autrefois sur le quai de Marseille... Il fut tenté de s'arrêter sous le coup d'une ancienne habitude, puis le souvenir de ses infamies, de tout le mal qu'il avait fait au Nabab, qu'il était en train de lui faire encore, lui revint tout à coup avec une peur horrible poussée au paroxysme, lorsqu'une main de fer brusquement le harponna. Une sueur de lâcheté courut par tous ses membres avachis, son visage jaunit encore, ses yeux clignotèrent au vent de la formidable claque qu'il attendait venir, tandis que ses gros bras se levaient instinctivement pour parer le coup.

« Oh ! n'aie pas peur... Je ne te veux pas de mal, dit Jansoulet tristement... Seulement je viens te demander de ne plus m'en faire. »

Il s'arrêta pour respirer. Le banquier, stupide, effaré, ouvrait ses yeux ronds de chouette devant cette émotion suffocante.

Écoute, Lazare, c'est toi qui es le plus fort à cette guerre que nous nous faisons depuis si longtemps... Je suis à terre, j'y suis, là... Les épaules ont touché... Maintenant, sois généreux, épargne ton vieux copain. Fais-moi grâce, voyons, fais-moi grâce... »

Tout tremblait en ce Méridional effondré, amolli par les démonstrations de la cérémonie funèbre. Hemerlingue, en face de lui, n'était guère plus vaillant. Cette musique noire, cette tombe ouverte, les discours, la canonnade et cette haute philosophie de la mort inévitable, tout cela lui avait remué les entrailles, à ce gros baron. La voix de son ancien camarade acheva de réveiller ce qui restait d'humain dans ce paquet de gélatine.

Son vieux copain! C'était la première fois depuis dix ans, depuis la brouille, qu'il le revoyait de si près. Que de choses lui rappelaient ces traits basanés, ces fortes épaules si mal taillées pour l'habit brodé! La couverture de laine mince et trouée, dans laquelle ils se roulaient tous deux pour dormir sur le pont du *Sinaï*, la ration partagée fraternellement, les courses dans la campagne brûlée de Marseille où l'on volait de gros oignons qu'on mangeait crus au revers d'un fossé, les rêves, les projets, les sous mis en commun, et quand la fortune commença à leur sourire, les farces qu'ils avaient faites ensemble, les bons petits soupers fins où l'on se disait tout, les coudes sur la table.

Comment peut-on en arriver à se brouiller quand on se connaît si bien, quand on a vécu comme deux jumeaux pendus à une maigre et forte nourrice, la misère, partagé son lait aigri et ses rudes caresses! Ces pensées, longues à analyser, traversaient comme un éclair l'esprit d'Hemerlingue. Presque instinctivement il laissa tomber sa main lourde dans celle que lui tendait le Nabab. Quelque chose d'animal s'émut en eux, plus fort que leur rancune, et ces deux hommes qui, depuis dix ans, essayaient de se ruiner, de se déshonorer, se mirent à causer à cœur ouvert.

Généralement, entre amis qui se retrouvent, les premières effusions passées, on reste muet, comme si l'on n'avait plus rien à se conter, tandis qu'au contraire c'est l'abondance des choses, leur afflux précipité qui les empêche de sortir. Les deux copains en étaient là; mais Jansoulet serrait bien fort le bras du banquier dans la crainte de le voir s'échapper, résister au bon mouvement qu'il venait de provoquer en lui :

« Tu n'es pas pressé, n'est-ce pas?... Nous pouvons nous promener un moment, si tu veux... Il ne pleut plus, il fait bon... on a vingt ans de moins.

— Oui, ça fait plaisir, dit Hemerlingue...;

seulement je ne peux pas marcher longtemps..., mes jambes sont lourdes...

— C'est vrai, tes pauvres jambes... Tiens, voilà un banc, là-bas. Allons nous asseoir. Appuie-toi sur moi, mon vieux. »

Et le Nabab, avec des attentions fraternelles, le conduisait jusqu'à un de ces bancs espacés contre les tombes, où se reposent ces deuils inconsolables qui font du cimetière leur promenade et leur séjour habituels. Il l'installait, le couvait du regard, le plaignait de son infirmité, et, par un courant tout naturel dans un pareil endroit, ils en arrivaient à causer de leurs santés, de l'âge qui venait. L'un était hydropique, l'autre sujet aux coups de sang. Tous deux se soignaient par les perles Jenkins, un remède dangereux, à preuve Mora si vite enlevé.

« Mon pauvre duc! dit Jansoulet.

— Une grande perte pour le pays, fit le banquier d'un air pénétré. »

Et le Nabab naïvement :

« Pour moi surtout, pour moi, car s'il avait vécu... Ah! tu as de la chance, tu as de la chance. »

Craignant de l'avoir blessé, il ajouta bien vite :

« Et puis voilà, tu es fort, très fort. »

Le baron le regarda en clignant de l'œil, et si drôlement, que ses petits cils noirs disparurent dans sa graisse jaune.

« Non, dit-il, ce n'est pas moi qui suis fort... C'est Marie.

— Marie?

— Oui, la baronne. Depuis son baptême, elle a quitté son nom de Yamina pour celui de Marie. C'est ça, une vraie femme. Elle connaît la banque mieux que moi, et Paris et les affaires. C'est elle qui mène tout à la maison.

« Tu es bien heureux, soupira Jansoulet. »

Sa tristesse en disait long sur ce qui manquait à mademoiselle Afchin. Puis, après un silence, le baron reprit :

« Elle t'en veut beaucoup Marie, tu sais... Elle ne sera pas contente d'apprendre que nous nous sommes parlé. »

Il fronçait son gros sourcil, comme s'il regrettait leur réconciliation, à la pensée de la scène conjugale qu'elle lui vaudrait. Jansoulet bégaya :

« Je ne lui ai rien fait pourtant...

— Allons, allons, vous n'avez pas été bien gentils pour elle... Pense à l'affront qu'elle a subi lors de notre visite de noces... Ta femme nous faisant dire qu'elle ne recevait pas les anciennes esclaves... Comme si notre amitié ne devait pas être plus forte qu'un préjugé... Les femmes n'oublient pas ces choses-là.

— Mais je n'y suis pour rien, moi, mon vieux. Tu sais comme tous ces Afchin sont fiers. »

Il n'était pas fier, lui, le pauvre homme. Il avait une mine si piteuse, si suppliante devant le sourcil froncé de son ami, que celui-ci en eut pitié. Décidément, le cimetière l'attendrissait, ce baron.

« Écoute, Bernard, il n'y a qu'une chose qui compte... Si tu veux que nous soyons camarades comme autrefois, que ces poignées de mains que nous avons échangées ne soient pas perdues, il faut obtenir de ma femme qu'elle se réconcilie avec vous... Sans cela rien de fait... Lorsque mademoiselle Afchin nous a refusé sa porte, tu l'as laissée faire, n'est-ce pas?... Moi de même, si Marie me disait en rentrant : « Je ne veux pas que vous soyez amis... » toutes mes protestations ne m'empêcheraient pas de te flanquer par-dessus bord. Car il n'y a pas d'amitié qui tienne. Ce qui est encore meilleur que tout, c'est d'avoir la paix chez soi.

— Mais alors, comment faire? demanda le Nabab épouvanté.

— Je m'en vais te le dire... La baronne est chez elle tous les samedis. Viens avec ta femme lui faire une visite après-demain. Vous trouverez à la maison la meilleure société de Paris. On ne parlera pas du passé. Ces dames causeront chiffons et toilettes, se diront ce que les femmes se disent. Et puis ce sera une affaire finie. Nous redeviendrons amis comme autrefois; et puisque tu es dans la nasse, eh bien! on t'en tirera.

— Tu crois? C'est que j'y suis terriblement, dit l'autre avec un hochement de tête. »

De nouveau les prunelles narquoises d'Hemerlingue disparurent entre ses joues comme deux mouches dans du beurre :

« Dame, oui... J'ai joué serré. Toi tu ne manques pas d'adresse... Le coup des quinze millions prêtés au bey, c'était trouvé, ça... Ah! tu as du toupet; seulement tu tiens mal tes cartes. On voit ton jeu. »

Ils avaient jusqu'ici parlé à demi-voix, impressionnés par le silence de la grande nécropole; mais peu à peu les intérêts humains haussaient le ton au milieu même de leur néant étalé sur toutes ces pierres plates chargées de dates et de chiffres, comme si la mort n'était qu'une affaire de temps et de calcul, le résultat voulu d'un problème.

Hemerlingue jouissait de voir son ami si humble, lui donnait des conseils sur ses affaires qu'il avait l'air de connaître à fond. Selon lui le Nabab pouvait encore très bien s'en tirer. Tout dépendait de la validation, d'une carte à retourner. Il s'agissait de la retourner bonne. Mais Jansoulet n'avait plus confiance. En perdant Mora, il avait tout perdu.

« Tu perds Mora, mais tu me retrouves. Ça se vaut, dit le banquier tranquillement.

— Non, vois-tu, c'est impossible... Il est

trop tard... Le Merquier a fini son rapport. Il est effroyable, paraît-il.

— Eh bien! s'il a fini son rapport, il faut qu'il en fasse un autre moins méchant.

— Comment cela?

Le baron le regarda stupéfait :

« Ah ça! mais tu baisses, voyons... En donnant cent, deux cent, trois cent mille francs, s'il le faut...

— Y songes-tu?... Le Merquier, cet homme intègre... « Ma conscience, » comme on l'appelle... »

Cette fois le rire d'Hemerlingue éclata avec une expansion extraordinaire, roula jusqu'au fond des mausolées voisins peu habitués à tant d'irrespect.

« Ma conscience, » un homme intègre... Ah! tu m'amuses... Tu ne sais donc pas qu'elle est à moi, cette conscience, et que... »

Il s'arrêta, regarda derrière lui, un peu troublé d'un bruit qu'il entendait :

« Écoute... »

C'était l'écho de son rire renvoyé du fond d'un caveau, comme si cette idée de la conscience de Le Merquier égayait même les morts.

« Si nous marchions un peu, dit-il, il commence à faire frais sur ce banc. »

Alors, tout en marchant entre les tombes, il lui expliqua avec une certaine fatuité pédante qu'en France les pots-de-vin jouaient un rôle aussi important qu'en Orient. Seulement on y mettait plus de façon que là-bas. On se servait de cache-pots... « Ainsi voilà Le Merquier, n'est-ce pas?... Au lieu de lui donner ton argent tout à trac dans une grande bourse comme à un séraskier, on s'arrange. Il aime les tableaux, cet homme. Il est toujours en trafic avec Schwalbach, qui se sert de lui pour amorcer la clientèle catholique... Eh bien! on lui offre une toile, un souvenir à accrocher sur un panneau de son cabinet. Le tout est d'y mettre le prix... Du reste, tu verras. Je te conduirai chez lui, moi. Je te montrerai comme ça se pratique. »

Et tout heureux de l'émerveillement du Nabab, qui pour le flatter exagérait encore sa stupeur, écarquillait ses yeux d'un air admiratif, le banquier élargissait sa leço., en faisait un vrai cours de philosophie parisienne et mondaine.

« Vois-tu, copain, ce dont il faut surtout t'occuper à Paris, c'est de garder les apparences... Il n'y a que cela qui compte... les apparences!... Toi tu ne t'en inquiètes pas assez. Tu t'en vas là-dedans, le gilet déboutonné, bon enfant, racontant tes affaires, tel que tu es... Tu te promènes comme à Tunis dans les bazars, dans les souks. C'est pour cela que tu t'es fait rouler, mon brave Bernard. »

Il s'arrêta pour souffler, n'en pouvant plus. C'était en une heure beaucoup plus de pas et de paroles qu'il n'en dépensait pendant toute une année. Ils s'aperçurent alors que le hasard de leur marche et de leur conversation les avait ramenés vers la sépulture des Mora, en haut d'un terre-plein découvert d'où l'on voyait au-dessus d'un millier de toits serrés, Montmartre, les buttes Chaumont moutonner dans le lointain en hautes vagues. Avec la colline du Père-Lachaise cela figurait bien ces trois ondulations se suivant à égale distance, dont se compose chaque élan de la mer à l'heure du flux. Dans les plis de ces abîmes, des lumières clignotaient déjà, comme des falots de barque, à travers les buées violettes qui montaient; des cheminées s'élançaient ainsi que des mâts ou des tuyaux de steamers soufflant leur fumée; et roulant tout cela dans son mouvement ondulé, l'océan parisien, en trois bonds chaque fois diminués, semblait l'apporter au noir rivage. Le ciel s'était largement éclairci comme il arrive souvent à la fin des jours de pluie, un ciel immense, nuancé de teintes d'aurore, sur lequel le tombeau familial des Mora dressait quatre figures allégoriques, implorantes, recueillies, pensives, dont le jour mourant grandissait les attitudes. Rien n'était resté là des discours, des condoléances officielles. Le sol piétiné tout autour, des maçons occupés à laver le seuil maculé de plâtre rappelaient seulement l'inhumation récente.

Tout à coup la porte du caveau ducal se referma de toute sa pesanteur métallique. Désormais, l'ancien ministre d'État restait seul, bien seul, dans l'ombre de sa nuit, plus épaisse que celle qui montait alors du bas du jardin, envahissant les allées tournantes, les escaliers, la base des colonnes, pyramides, cryptes de tout genre, dont le faîte était plus lent à mourir. Des terrassiers, tout blancs de cette blancheur crayeuse des os desséchés, passaient avec leurs outils et leurs besaces. Des deuils furtifs, s'arrachant à regret aux larmes et à la prière, glissaient le long des massifs et les frôlaient d'un vol silencieux d'oiseaux de nuit, tandis qu'aux extrémités du Père-Lachaise des voix s'élevaient, appels mélancoliques annonçant fermeture. La journée du cimetière était finie. La ville des morts, rendue à la nature, devenait un bois immense aux carrefours marqués de croix. Au fond d'un vallon, une maison de garde allumait ses vitres. Un frémissement courait, se perdait en chuchotements au bout des allées confuses.

« Allons-nous-en... » se dirent les deux copains impressionnés peu à peu de ce crépuscule plus froid qu'ailleurs ; mais avant de s'éloigner, Hemerlingue, poursuivant sa pensée, montra le monument ailé des quatre coins par les draperies, les mains tendues de ses sculptures :

—Tiens! C'est celui-là qui s'y entendait à garder les apparences. »

Jansoulet lui prit le bras pour l'aider à la descente :

« Ah! oui, il était fort... Mais toi, tu es encore plus fort que tous,... disait-il avec sa terrible intonation gasconne. »

Hemerlingue ne protesta pas.

« C'est à ma femme que je le dois... Aussi je t'engage à faire ta paix avec elle, parce que sans ça...

— Oh! n'aie pas peur... nous viendrons samedi... mais tu me conduiras chez Le Merquier. »

Et pendant que les deux silhouettes, l'une haute, carrée, l'autre massive et courte disparaissaient dans les détours du grand labyrinthe, pendant que la voix de Jansoulet guidant son ami : « par ici, mon vieux... appuie-toi bien, » se perdait insensiblement, un rayon égaré du couchant éclairait derrière eux, sur le terre-plein, le buste expressif et colossal, au large front sous les cheveux longs et relevés, à la lèvre puissante et ironique, de Balzac qui les regardait...

XX

LA BARONNE HEMERLINGUE

TOUT au bout de la longue voûte sous laquelle se trouvaient les bureaux d'Hemerlingue et fils, noir tunnel que le père Joyeuse avait pendant dix ans pavoisé et illuminé de ses rêves, un escalier monumental à rampe de fer ouvragé, un escalier du vieux Paris, montait vers la gauche aux salons de réception de la baronne prenant jour sur la cour juste au-dessus de la caisse, si bien que, pendant la belle saison, lorsque tout reste ouvert, le tintement des pièces d'or, le fracas des piles d'écus écroulées sur les comptoirs, un peu adouci par les hautes et moelleuses tentures des fenêtres, faisait un accompagnement mercantile aux conversations susurrées par le catholicisme mondain.

Cela donnait tout de suite la physionomie de ce salon non moins étrange que celle qui en faisait les honneurs, mêlant un vague bouquet de sacristie aux agitations de la Bourse et à la mondanité la plus raffinée, éléments hétérogènes qui se croisaient, se rencontraient là sans cesse, mais restaient séparés, comme la Seine sépare le noble faubourg catholique sous le patronage duquel s'était opérée l'éclatante conversion de la musulmane et les quartiers financiers où Hemerlingue avait sa vie et ses relations. La société levantine, assez nombreuse à Paris, composée en grande partie de Juifs allemands, banquiers ou commissionnaires, qui, après avoir fait en Orient des fortunes colossales, trafiquent encore ici pour n'en pas perdre l'habitude, se montrait assidue aux jours de la baronne. Les Tunisiens de passage ne manquaient jamais de venir voir la femme du grand banquier en faveur, et le vieux colonel Brahim, le chargé d'affaires du bey, avec sa bouche flasque et ses yeux éraillés, faisait son somme, tous les samedis, au coin du même divan.

« Votre salon sent le roussi, ma petite fille, disait en riant la vieille princesse de Dions à la nouvelle Marie que maître Le Merquier et elle avaient tenue sur les fonts baptismaux ;

mais la présence de ces nombreux hérétiques, Juifs musulmans et même renégats, de ces grosses femmes couperosées, fagotées, chargées d'or, de pendeloques, des « vrais paquets, » n'empêchait pas le faubourg Saint-Germain de visiter, d'entourer, de surveiller la jeune catéchumène, le joujou de ces nobles dames, une poupée bien souple, bien docile que l'on montrait, que l'on promenait, dont on citait les naïvetés évangéliques, piquantes surtout par le contraste du passé. Peut-être se glissait-il au fond du cœur de ces aimables patronnesses l'espoir de rencontrer dans ce monde retour d'Orient quelque nouvelle conversion à faire, l'occasion de remplir encore l'aristocratique chapelle des Missions du spectacle si émouvant d'un de ces baptêmes d'adultes qui vous transportent aux premiers temps de la foi, là-bas, vers les rives du Jourdain, et sont bientôt suivis de la première communion, du renouvellement, de la confirmation, tous prétextes pour la marraine d'accompagner sa filleule, de guider cette jeune âme, d'assister aux transports naïfs d'une croyance neuve, et aussi d'arborer des toilettes variées, nuancées à l'éclat ou au sentiment de la cérémonie. Mais il n'arrive pas communément qu'un haut baron financier amène à Paris une esclave arménienne dont il a fait sa légitime épouse.

Esclave! C'était cela la tare dans ce passé de

femme d'Orient, jadis achetée au bazar d'Andrinople pour le compte de l'empereur du Maroc, puis, à la mort de l'empereur et à la dispersion de son harem, vendue au jeune bey Ahmed. Hemerlingue l'avait épousée à sa sortie de ce nouveau sérail, mais sans pouvoir la faire accepter à Tunis, où aucune femme, Mauresque, Turque, Européenne, ne consentit à traiter une ancienne esclave d'égale à égale, par un préjugé assez semblable à celui qui sépare la créole de la quarteronne la mieux déguisée. Il y a là une répugnance invincible que le ménage Hemerlingue retrouva jusque dans Paris, où les colonies étrangères se constituent en petits cercles remplis de susceptibilités et de traditions locales. Yamina passa ainsi deux ou trois ans dans une solitude complète dont elle sut bien utiliser tous les rancœurs et les loisirs, car c'était une femme ambitieuse, d'une volonté, d'un entêtement extraordinaires. Elle apprit à fond la langue française, dit adieu pour toujours à ses vestes brodées et à ses pantalons de soie rose, sut assouplir sa taille et sa démarche aux toilettes européennes, à l'embarras des longues jupes; puis, un soir d'Opéra, montra aux Parisiens émerveillés la silhouette encore un peu sauvage, mais fine, élégante, et si originale d'une musulmane décolletée par Léonard.

Le sacrifice de la religion suivit de près celui

du costume. Depuis longtemps, madame Hemerlingue avait renoncé à toute pratique mahométane, quand maître Le Merquier, l'intime du ménage et son cicérone à Paris, leur démontra qu'une conversion solennelle de la baronne lui ouvrirait les portes de cette partie du monde parisien dont l'accès semble être devenu de plus en plus difficile, à mesure que la société s'est démocratisée tout autour. Le faubourg Saint-Germain une fois conquis, tout le reste suivrait. Et, en effet, lorsqu'après le retentissement du baptême, on sut que les plus grands noms de France ne dédaignaient pas de se rencontrer aux samedis de la baronne Hemerlingue, les dames Gügenheim, Fuernberg, Caraïscaki, Maurice Trott, toutes épouses de fez millionnaires et célèbres sur les marchés de Tunis, renonçant à leurs preventions, sollicitèrent d'être admises chez l'ancienne esclave. Seule, madame Jansoulet, nouvellement débarquée avec un stock d'idées orientales encombrantes dans son esprit, comme son narghilé, ses œufs d'autruche, tout le bibelot tunisien l'était dans son intérieur, protesta contre ce qu'elle appelait une inconvenance, une lâcheté, et déclara qu'elle ne mettrait jamais les pieds chez « ça ». Il se fit aussitôt chez les dames Gügenheim, Caraïscaki, et autres paquets, un petit mouvement rétrograde, comme il arrive à Paris chaque fois qu'autour d'une position irrégulière en train de se régulariser quelque résistance tenace entraîne des regrets et des défections. On s'était trop avancé pour se retirer, mais on tint à faire mieux sentir le prix de sa bienveillance, le sacrifice de ses préjugés; et la baronne Marie comprit très bien la nuance rien que dans le ton protecteur des Levantines la traitant de « ma chère enfant... ma bonne petite », avec une hauteur un peu méprisante. Dès lors, sa haine contre les Jansoulet ne connut plus de bornes, une haine de sérail compliquée et féroce, avec l'étranglement au bout et la noyade silencieuse, un peu plus difficile à pratiquer à Paris que sur les rives du lac d'El-Baheira, mais dont elle préparait déjà le sac solide terminé en garrot.

Cet acharnement expliqué et connu, on se figure quelle surprise, quelle agitation dans ce coin de société exotique, quand la nouvelle se répandit que, non seulement la grosse Afchin — comme l'appelaient ces dames — consentait à voir la baronne, mais qu'elle devait lui faire la première visite à son prochain samedi. Pensez que ni les Fuernberg, ni les Trott ne voulurent manquer une pareille fête. La baronne, de son côté, fit tout pour donner le plus d'éclat possible à cette réparation solennelle, écrivit, visita, se remua si bien que, malgré la saison déjà très avancée, madame Jansoulet, en arrivant vers quatre heures à l'hôtel du faubourg Saint-Honoré, aurait pu voir devant la haute porte cintrée, à côté de la discrète livrée feuille morte de la princesse de Dions et de beaucoup de blasons authentiques, les armes parlantes, prétentieuses, les roues multicolores d'une foule d'équipages financiers et les grands laquais poudrés des Caraïscaki.

En haut, dans les salons de ιéception, même assemblage bizarre et glorieux. C'était un va-et-vient sur les tapis des deux premières pièces désertes, un passage de froissements soyeux, jusqu'au boudoir où la baronne se tenait, partageant ses attentions, ses cajoleries entre les deux camps bien distincts; d'un côté, des toilettes sombres, d'apparence modeste, d'une recherche appréciable seulement aux yeux exercés; de l'autre, un printemps tapageur à couleurs vives, corsages opulents, diamants prodigués, écharpes flottantes, modes d'exportation où l'on sentait comme un regret de climat plus chaud et de vie luxueuse étalée. De grands coups d'éventails par ici, des chuchotements discrets par là. Très peu d'hommes, quelques jeunes gens bien pensants, muets, immobiles, suçant la pomme de leurs cannes, deux ou trois figures de schumaker, debout derrière le large dos de leurs épouses, parlant la tête basse comme s'ils proposaient des objets de contrebande; dans un coin, la belle barbe patriarcale et le camail violet d'un évêque orthodoxe d'Arménie.

La baronne, pour essayer de rallier ces diversités mondaines, pour garder son salon plein jusqu'à la fameuse entrevue, se déplaçait continuellement, tenait tête à dix conversations différentes, élevant sa voix harmonieuse et veloutée au diapason gazouillant qui distingue les Orientales, enlaçante et caline, l'esprit souple comme la taille, abordant tous les sujets, et mêlant ainsi qu'il convient la mode et les sermons de charité, les théâtres et les ventes, la faiseuse et le confesseur. Un grand charme personnel se joignait à cette science acquise de la maîtresse de maison, science visible jusque dans sa mise toute noire et très simple qui faisait ressortir sa pâleur de cloître, ses yeux de houri, ses cheveux brillants et nattés, séparés sur un front étroit et pur; un front, dont la bouche trop mince accentuait le mystère, fermant aux curieux tout le passé varié et déjà si rempli de cette ancienne cadine, qui n'avait pas d'âge, ignorait elle-même la date de sa naissance, ne se souvenait pas d'avoir été enfant.

Évidemment si la puissance absolue du mal, très rare chez les femmes que leur nature physique impressionnable livre à tant de courants divers, pouvait tenir dans une âme, c'était bien dans celle de cette esclave faite aux concessions et aux bassesses, révoltée, mais patiente, et maîtresse d'elle-même comme toutes celles que l'habitude d'un voile abaissé sur les yeux a accoutumées à mentir sans danger ni scrupule.

En ce moment, personne n'aurait pu se douter de l'angoisse qui l'agitait, à la voir agenouillée devant la princesse, vieille bonne femme sans façon, de qui la Fuernberg disait tout le temps : « Si c'est une princesse, ça ! »

« Oh ! je vous en prie, ma marraine, ne vous en allez pas encore. »

Elle l'enveloppait de toutes sortes de câlineries, de grâces, de petites mines, sans lui avouer, bien entendu, qu'elle tenait à la garder jusqu'à l'arrivée de Jansoulet pour la faire servir à son triomphe.

« C'est que, disait la bonne dame en montrant le majestueux Arménien, silencieux et grave, son chapeau à glands sur les genoux, j'ai à conduire ce pauvre monseigneur au *Grand Saint-Christophe* pour acheter des médailles. Il ne s'en tirerait pas sans moi.

— Si, si, je veux... Il faut... Encore quelques minutes. »

Et la baronne jetait un regard furtif vers l'antique et somptueux cartel accroché dans un angle du salon.

Déjà cinq heures, et la grosse Afchin n'arrivait pas. Les Levantines commençaient à rire derrière leurs éventails. Heureusement, on venait de servir du thé, des vins d'Espagne, une foule de pâtisseries turques délicieuses qu'on ne trouvait que là et dont les recettes rapportées par la cadine se conservent dans les harems comme certains secrets de confiserie raffinée dans nos couvents. Cela fit une diversion. Le gros Hemerlingue qui, le samedi, sortait de temps en temps de son bureau pour venir saluer ces dames, buvait un verre de madère près de la petite table de service, en causant avec Maurice Trott, l'ancien baigneur de Saïd-Pacha, quand sa femme s'approcha de lui, toujours douce et paisible. Il savait quelle colère devait recouvrir ce calme impénétrable, et lui demanda tout bas, timidement :

« Personne ?

— Personne... Vous voyez à quel affront vous m'exposez. »

Elle souriait, les yeux à demi-baissés, en lui enlevant du bout de l'ongle une miette de gâteau restée dans ses longs favoris noirs ; mais ses petites narines transparentes frémissaient avec une éloquence terrible.

« Oh! elle viendra!... disait le banquier, la bouche pleine. Je suis sûr qu'elle viendra... »

Un frôlement d'étoffes, de traîne déployée dans la pièce à côté, fit se retourner vivement la baronne. A la grande joie du coin des « paquets » qui surveillait tout, ce n'était pas celle qu'on attendait.

Elle ne ressemblait guère à mademoiselle

Afchin, cette grande blonde élégante, aux traits fatigués, à la toilette irréprochable, digne en tout de porter un nom aussi célèbre que celui du docteur Jenkins. Depuis deux ou trois mois, la belle madame Jenkins avait beaucoup changé, beaucoup vieilli. Il y a comme cela dans la vie de la femme restée longtemps jeune une période où les années, qui ont passé par-dessus sa tête sans l'effleurer d'une ride, s'inscrivent brutalement toutes ensemble en marques ineffaçables. On ne dit plus en la voyant : « Qu'elle est belle ! » mais : « Elle a dû être bien belle. » Et cette cruelle façon de parler au passé, de rejeter dans le lointain ce qui hier était un fait visible, constitue un commencement de vieillesse et de retraite, un déplacement de tous les triomphes en souvenirs. Était-ce la déception de voir arriver la femme du docteur à la place de madame Jansoulet, ou le discrédit que la mort du duc de Mora avait jeté sur le médecin à la mode devait-il rejaillir sur celle qui portait son nom ? Il y avait un peu de ces deux causes, et peut-être d'une autre, dans le froid accueil que la baronne fit à madame Jenkins. Un bonjour léger du bout des lèvres, quelques paroles à la hâte, et elle retourna vers le noble bataillon qui grignotait à belles dents. Le salon s'était animé sous l'action des vins d'Espagne. On ne chuchotait plus, on causait. Les lampes apportées donnaient un nouvel éclat à la réunion, mais annonçaient qu'elle était bien près de finir, quelques personnes désintéressées du grand événement s'étant déjà dirigées vers la porte. Et les Jansoulet n'arrivaient pas.

Tout à coup, une marche robuste, pressée. Le Nabab parut, tout seul, sanglé dans sa redingote noire, correctement cravaté et ganté, mais la figure bouleversée, l'œil hagard, frémissant encore de la scène terrible dont il sortait.

Elle n'avait pas voulu venir.

Le matin, il avait prévenu les femmes de chambre d'apprêter madame pour trois heures, ainsi qu'il faisait chaque fois qu'il emmenait la Levantine avec lui, qu'il trouvait nécessaire de déplacer cette indolente personne qui, ne pouvant même accepter une responsabilité quelconque, laissait les autres penser, décider, agir pour elle; du reste allant volontiers où l'on voulait, une fois partie. Et c'est sur cette facilité qu'il comptait pour l'entraîner chez Hemerlingue. Mais lorsqu'après le déjeuner, Jansoulet habillé, superbe, suant pour entrer dans ses gants, fit demander si madame serait bientôt prête, on lui répondit que madame ne sortait pas. Le cas était grave, si grave que, laissant là tous les intermédiaires de valets et de servantes, qu'ils se dépêchaient dans leurs entretiens conjugaux, il monta l'escalier quatre à quatre et entra comme un coup de mistral dans les appartements capitonnés de la Levantine.

Elle était encore au lit, revêtue de cette grande tunique ouverte en soie de deux couleurs que les Mauresques appellent une djebba, et de leur petit bonnet brodé d'or d'où s'échappait sa belle crinière noire et lourde, tout emmêlée autour de sa face lunaire enflammée par le repas qu'elle venait de finir. Les manches de la djebba relevées laissaient voir deux bras énormes, déformés, chargés de bracelets, de longues chaînettes errant sur un fouillis de petits miroirs, de chapelets rouges, de boîtes de senteurs, de pipes microscopiques, d'étuis à cigarettes, l'étalage puéril et bimbelotier d'une couchette de Mauresque à son lever.

La chambre, où flottait la fumée opiacée et capiteuse du tabac turc, présentait le même désordre. Des négresses allaient, venaient, desservant lentement le café de leur maîtresse, la gazelle favorite lappait le fond d'une tasse que son museau fin renversait sur le tapis, tandis qu'assis au pied du lit avec une familiarité touchante, le sombre Cabassu lisait à haute voix à madame un drame en vers qu'on allait jouer prochainement chez Cardailhac. La Levantine était stupéfiée par cette lecture, absolument ahurie :

« Mon cher, dit-elle à Jansoulet dans son

épais accent de Flamande, je ne sais pas à quoi songe notre directeur... Je suis en train de lire cette pièce de *Revolte* dont il s'est toqué... Mais c'est crevant. Ça n'a jamais été du théâtre.

— Je me moque bien du théâtre, fit Jansoulet furieux malgré tout son respect pour la fille des Afchin. Comment! vous n'êtes pas encore habillée?... On ne vous a donc pas dit que nous sortions? »

On le lui avait dit, mais elle s'était mise à lire cette bête de pièce. Et de son air endormi :

« Nous sortirons demain.

— Demain! C'est impossible... On nous attend aujourd'hui même... Une visite très importante.

— Où donc cela? »

Il hésita une seconde, puis :

« Chez Hemerlingue. »

Elle leva sur lui ses gros yeux, persuadée qu'il voulait rire. Alors il lui raconta sa rencontre avec le baron aux funérailles de Mora et la convention qu'ils avaient faite ensemble.

« Allez-y si vous voulez, dit-elle froidement; mais vous me connaissez bien peu si vous croyez que moi, une demoiselle Afchin, je mettrai jamais les pieds chez cette esclave. »

Prudemment, Cabassu, voyant la tournure du débat, avait disparu dans une pièce voisine, les cinq cahiers de *Revolte* empilés sous son bras.

« Allons, dit le Nabab à sa femme, je vois bien que vous ne connaissez pas la terrible position où je me trouve... Écoutez alors... »

Sans se soucier des filles de chambre ni des négresses, avec cette souveraine indifférence de l'Oriental pour la domesticité, il se mit à faire le tableau de sa grande détresse, la fortune saisie là-bas ; ici, le crédit perdu, toute sa vie en suspens devant l'arrêt de la Chambre, l'influence des Hemerlingue sur l'avocat rapporteur, et le sacrifice obligatoire en ce moment de tout amour-propre à des intérêts si puissants. Il parlait avec chaleur, pressé de la convaincre, de l'entraîner. Mais elle lui répondit simplement : « Je n'irai pas », comme s'il se fût agi d'une course sans importance, un peu trop longue pour sa fatigue.

Lui, tout frémissant :

« Voyons, ce n'est pas possible que vous disiez une chose pareille. Songez qu'il y va de ma fortune, de l'avenir de nos enfants, du nom que vous portez... Tout est en jeu pour cette démarche que vous ne pouvez refuser de faire. »

Il aurait pu parler ainsi pendant des heures, il se serait toujours buté à la même obstination fermée, inébranlable. Une demoiselle Afchin ne devait pas visiter une esclave.

« Eh ! madame, dit-il violemment, cette esclave vaut mieux que vous. Par son intelligence, elle a décuplé la fortune de son mari, tandis que vous, au contraire... »

Depuis douze ans qu'ils étaient mariés, Jansoulet osait pour la première fois lever la tête en face de sa femme. Eut-il honte de ce crime de lèse-majesté, ou comprit-il qu'une phrase pareille allait creuser un abîme infranchissable? Mais il changea de ton aussitôt, s'agenouilla devant le lit très bas, avec cette tendresse rieuse que l'on emploie pour faire entendre raison aux enfants :

« Ma petite Martha, je t'en prie.. lève-toi, habille-toi... C'est pour toi-même que je te le demande, pour ton luxe, pour ton bien-être... Que deviendrais-tu si, par un caprice, un méchant coup de tête, nous allions nous trouver réduits à la misère? »

Ce mot de misère ne représentait absolument rien à la Levantine. On pouvait en parler devant elle comme de la mort devant les tout petits. Elle ne s'en émouvait pas, ne sachant pas ce que c'était. Parfaitement entêtée d'ailleurs à rester au lit dans sa djebba; car, pour bien affirmer sa décision, elle alluma une nouvelle cigarette à celle qui venait de finir, et pendant que le pauvre Nabab entourait sa « petite femme chérie » d'excuses, de prières, de supplications, lui promettant un diadème de perles cent fois plus beau que le sien si elle voulait venir, elle regardait monter au plafond peint la fumée assoupissante, s'en enveloppait comme d'un imperturbable calme. A la fin, devant ce refus, ce mutisme, ce front où il sentait la barre d'un entêtement obstiné, Jansoulet débrida sa colère, se redressa de toute sa hauteur :

« Allons, dit-il, je le veux... »

Il se tourna vers les négresses :

« Habillez votre maîtresse, tout de suite... »

Et le rustre qu'il était au fond, le fils du cloutier méridional se retrouvant dans cette crise qui le remuait tout entier, il rejeta les courtines d'un geste brutal et méprisant, envoyant à terre les innombrables fanfreluches qu'elles portaient, et forçant la Levantine demi-nue à bondir sur ses pieds avec une promptitude étonnante chez cette massive personne. Elle rugit sous l'outrage, serra les plis de sa dalmatique contre son buste de nabote, envoya son petit bonnet de travers dans ses cheveux écroulés, et se mit à invectiver son mari.

« Jamais, tu m'entends bien, jamais... tu m'y traînerais plutôt chez cette... »

L'ordure sortait à flot de ses lèvres lourdes, comme d'une bouche d'égout. Jansoulet pouvait se croire dans un des affreux bouges du port de Marseille, assistant à une querelle de fille et de *nervi*, ou encore à quelque dispute en plein air entre Génoises, Maltaises et Provençales glanant sur le quai autour des sacs de blé qu'on décharge et s'injuriant à quatre pattes dans des tourbillons de poussière d'or. C'était bien la Levantine de port de mer, l'enfant gâtée, abandonnée, qui le soir, de sa terrasse, ou du fond de sa gondole, a entendu les matelots s'injurier dans toutes les langues des mers latines et qui a tout retenu. Le malheureux la regardait, effaré, atterré de ce qu'elle le forçait d'entendre, de sa grotesque personne écumant et râlant :

« Non, je n'irai pas... non, je n'irai pas. »

Et c'était la mère de ses enfants, une demoiselle Afchin !

Soudain, à la pensée que son sort était entre les mains de cette femme, qu'il ne lui en coûterait qu'une robe à mettre pour le sauver, et que l'heure fuyait, que bientôt il ne serait plus temps, une bouffée de crime lui monta au cerveau, décomposa tous ses traits. Il marcha droit sur elle, les mains ouvertes et crispées d'un air si terrible que la fille Afchin, épouvantée, se précipita en appelant vers la porte par où le masseur venait de sortir :

« Aristide !... »

Ce cri, cette voix, cette intimité de sa femme avec le subalterne... Jansoulet s'arrêta, dégrisé de sa colère, puis avec un geste de dégoût s'élança dehors, en jetant les portes, plus pressé encore de fuir le malheur et l'horreur qu'il devinait dans sa maison que d'aller chercher là-bas le secours qu'on lui avait promis.

Un quart d'heure après, il faisait son entrée chez Hemerlingue, envoyait en entrant un geste désolé au banquier, et s'approchait de la baronne en balbutiant la phrase toute faite qu'il avait entendu répéter si souvent, le soir de son bal... « Sa femme très souffrante... désespérée de n'avoir pu... » Elle ne lui laissa pas le temps d'achever, se leva lentement, se déroula fine et longue couleuvre dans les draperies biaisées de sa robe étroite, dit sans le regarder avec son accent corrigé : « Oh ! *je* savais... *je* savais... » puis changea de place et ne s'occupa plus de lui. Il essaya de s'approcher d'Hemerlingue, mais celui-ci semblait très absorbé dans sa causerie avec Maurice Trott. Alors il vint s'asseoir près de madame Jenkins dont l'isolement tint compagnie au sien. Mais, tout en causant avec la pauvre femme, aussi languissante qu'il était lui-même préoccupé, il regardait la baronne faire les honneurs de ce salon, si confortable auprès de ses grandes halles dorées.

On partait. Madame Hemerlingue reconduisait quelques-unes de ces dames, tendait son front à la vieille princesse, s'inclinait sous la bénédiction de l'évêque Arménien, saluait d'un sourire les jeunes gandins à cannes, trouvait pour chacun l'adieu qu'il fallait avec une aisance parfaite; et le malheureux ne pouvait s'empêcher de comparer cette esclave orientale si Parisienne, si distinguée au milieu de la société la plus exquise du monde, avec l'autre là-bas, l'Européenne avachie par l'Orient, abrutie de tabac turc et bouffie d'oisiveté. Ses ambitions, son orgueil de mari étaient déçus, humiliés dans cette union dont il voyait maintenant le danger et le vide, dernière cruauté du destin qui lui enlevait même le refuge du bonheur intime contre toutes ses déconvenues publiques.

Peu à peu le salon se dégarnissait. Les Levantines disparaissaient l'une après l'autre, laissant chaque fois un vide immense à leur place. Madame Jenkins était partie, il ne restait plus que deux ou trois dames inconnues de Jansoulet, entre lesquelles la maîtresse de la maison semblait s'abriter de lui. Mais Hemerlingue était libre, et le Nabab le rejoignit au moment où il s'esquivait furtivement du côté de ses bureaux situés au même étage, en face les appartements. Jansoulet sortit avec lui, oubliant dans son trouble de saluer la baronne; et une fois sur le palier décoré en antichambre, le gros Hemerlingue, très froid, très réservé tant qu'il s'était senti sous l'œil de sa femme, reprit une figure un peu plus ouverte.

« C'est très fâcheux, dit-il à voix basse comme

s'il craignait d'être entendu, que madame Jansoulet n'ait pas voulu venir. »

Jansoulet lui répondit par un mouvement de désespoir et de farouche impuissance.

« Fâcheux... fâcheux... répétait l'autre en soufflant et cherchant sa clef dans sa poche.

— Voyons, vieux, dit le Nabab en lui prenant la main, ce n'est pas une raison parce que nos femmes ne s'entendent pas... Ça n'empêche pas de rester camarades... Quelle bonne causette, hein? l'autre jour...

— Sans doute... disait le baron, se dégageant pour ouvrir la porte qui glissa sans bruit, montrant le haut cabinet de travail dont la lampe brûlait solitaire devant l'énorme fauteuil vide... Allons, adieu, je te quitte... J'ai mon courrier à fermer.

— *Ta didou, Mouci...** fit le pauvre Nabab essayant de plaisanter, et se servant du patois *sabir* pour rappeler au vieux copain tous les bons souvenirs remués l'avant-veille... Ça tient toujours notre visite à Le Merquier... Le tableau que nous devons lui offrir, tu sais bien... Quel jour veux-tu ?

— Ah! oui, Le Merquier... C'est vrai... Eh bien! mais prochainement... Je t'écrirai...

— Bien sûr?... Tu sais que c'est pressé...

— Oui, oui, je t'écrirai... Adieu. »

* Hé, dis donc, monsieur...

Et le gros homme referma sa porte vivement comme s'il avait peur que sa femme arrivât.

Deux jours après, le Nabab recevait un mot d'Hemerlingue, presque indéchiffrable sous ses petites pattes de mouches compliquées d'abréviations plus ou moins commerciales derrière lesquelles l'ex-cantinier dissimulait son manque absolu d'orthographe :

Mon ch/ anc/ cam/

Je ne puis décid/ t'accom/ chez Le Merq/. Trop d'aff/ en ce mom/. D'aill/ v/ ser/ mieux seuls pour caus/. Vas-y carrem/. On t'att/. R/ Cassette, tous les mat/ de 8 à 10.

A toi cor/

Hem/.

Au dessous, en post-scriptum, une écriture très fine aussi, mais plus nette, avait écrit très lisiblement :

« *Un tableau religieux, autant que possible !...* »

Que penser de cette lettre ? Y avait-il bonne volonté réelle ou défaite polie ? En tout cas l'hésitation n'était plus permise. Le temps brûlait. Jansoulet fit donc un effort courageux, car Le Merquier l'intimidait beaucoup, et se rendit chez lui un matin.

Notre étrange Paris, dans sa population et ses aspects, semble une carte d'échantillon du monde entier. On trouve dans le Marais des rues étroites à vieilles portes brodées, vermiculées, à pignons avançants, à balcons en moucharabies qui vous font penser à l'antique Heidelberg. Le faubourg Saint-Honoré dans sa partie large autour de l'église russe aux minarets blancs, aux boules d'or, évoque un quartier de Moscou. Sur Montmartre je sais un coin pittoresque et encombré qui est de l'Alger pur. Des petits hôtels bas et nets, derrière leur entrée à plaque de cuivre et leur jardin particulier, s'alignent en rues anglaises entre Neuilly et les Champs-Élysées; tandis que tout le chevet de Saint-Sulpice, la rue Férou, la rue Cassette, paisibles dans l'ombre des grosses tours, inégalement pavées, aux portes à marteau, semblent détachées d'une ville provinciale et religieuse : Tours ou Orléans par exemple, dans le quartier de la cathédrale et de l'évêché, où de grands arbres dépassant les murs se bercent au bruit des cloches et des répons.

C'est là, dans le voisinage du cercle catholique dont il venait d'être nommé président honoraire, qu'habitait Me Le Merquier, avocat, député de Lyon, homme d'affaires de toutes les grandes communautés de France, et que Hemerlingue, par une pensée bien profonde chez ce gros homme, avait chargé des intérêts de sa maison.

En arrivant vers neuf heures devant un ancien hôtel dont le rez-de-chaussée se trouvait occupé par une librairie religieuse endormie dans son odeur de sacristie et de papier grossier à imprimer des miracles, en montant ce large escalier blanchi à la chaux comme celui d'un couvent, Jansoulet se sentit pénétré par cette atmosmosphère provinciale et catholique où revivaient pour lui les souvenirs d'un passé méridional, des impressions d'enfance encore intactes et fraîches grâce à son long dépaysement, et que le fils de Françoise n'avait eu, depuis son arrivée à Paris, ni le temps ni l'occasion de renier. L'hypocrisie mondaine devant lui avait revêtu toutes ses formes, essayé tous ses masques, excepté celui de l'intégrité religieuse. Aussi se refusait-il à croire à la vénalité d'un homme vivant en un pareil milieu. Introduit dans l'antichambre de l'avocat, vaste parloir aux rideaux de mousseline empesés fin comme des surplis, ayant pour seul ornement, au-dessus de la porte, une grande et belle copie du *Christ mort*, du Tintoret, son incertitude et son trouble se changèrent en conviction indignée. Ce n'était pas possible. On l'avait trompé sur Le Merquier. Il y avait là sûrement une médisance audacieuse, comme Paris est si léger à en répandre; ou peut-être lui tendait-on un de ces piéges féroces contre lesquels il ne faisait que trébucher depuis six mois. Non, cette conscience farouche renommée au Palais et à la Chambre, ce personnage austère et froid ne pouvait être traité comme ces gros pachas ventrus, à la ceinture lâche, aux manches flottantes si commodes pour recevoir les bourses de sequins. Ce serait s'exposer à un refus scandaleux, à la révolte légitime de l'honneur méconnu, que d'essayer de tels moyens de corruption.

Le Nabab se disait cela, assis sur le banc de chêne qui courait autour de la salle, lustré par les robes de serge et le drap rugueux des soutanes. Malgré l'heure matinale, plusieurs personnes attendaient ainsi que lui. Un dominicain se promenant à grands pas, figure ascétique et sereine, deux bonnes sœurs enfoncées sous la cornette égrenant de longs chapelets qui leur mesuraient l'attente, des prêtres du diocèse lyonnais reconnaissables à la forme de leurs chapeaux, puis d'autres gens de mine recueillie et sévère installés devant la grande table en bois noir qui tenait le milieu de la pièce et feuilletant quelques-uns de ces journaux édifiants qui s'impriment sur la colline de Fourvières, l'*Écho du Purgatoire*, le *Rosier de Marie*, et donnent en prime aux abonnés d'un an des indulgences pontificales, des rémissions de peines futures. Quelques mots à voix basse, une toux étouffée, le léger susurrement de la prière des bonnes sœurs rappelaient à Jansoulet la sensation confuse et lointaine d'heures d'attente dans un coin de l'église de son village, autour du confessionnal, aux approches des grandes fêtes.

Enfin, son tour vint de passer, et s'il avait pu lui rester encore un doute sur Mᵉ Le Merquier, il ne douta plus en voyant ce grand cabinet simple et sévère, — un peu plus orné cependant que l'antichambre, — dans lequel l'avocat encadrait l'austérité de ses principes et de sa maigre personne, longue, voûtée, étroite aux épaules, serrée par un éternel habit noir trop court de manches et d'où sortaient deux poignets noirs, carrés et plats, deux bâtons d'encre de Chine hiéroglyphés de grosses veines. Le député clérical avait, dans le teint blafard du Lyonnais moisi entre ses deux rivières, une certaine vie d'expression qu'il devait à son regard double, tantôt étincelant mais impénétrable derrière le verre de ses lunettes, le plus souvent vif, méfiant et noir pardessus ces mêmes lunettes, et cerné de l'ombre rentrante que donne à l'arcade sourcilière l'œil levé, la tête basse.

Après un accueil presque cordial en comparaison du froid salut que les deux collègues échangeaient à la Chambre, un « je vous attendais, » où se glissait peut-être une intention, l'avocat montra au Nabab le fauteuil près de son bureau, signifia au domestique béat et tout de noir vêtu, non point « de serrer la haire avec la discipline, » mais de ne plus venir que quand on le sonnerait, rangea quelques papiers épars, après quoi, ses jambes croisées l'une sur l'autre, s'enfonçant dans son fauteuil avec le ramassement de l'homme qui se dispose à écouter, qui devient tout oreilles, il mit son menton dans sa main et resta là, les yeux fixés sur un grand rideau de reps vert tombant jusqu'à terre en face de lui.

L'instant était décisif, la situation embarrassante. Mais Jansouiet n'hésita pas. C'était une de ses prétentions, à ce pauvre Nabab, que de se connaître en hommes aussi bien que Mora. Et ce flair, qui, disait-il, ne l'avait jamais trompé, l'avertissait qu'il se trouvait en ce moment devant une honnêteté rigide et inébranlable, une conscience en pierre dure à l'épreuve du pic et de la poudre. « Ma conscience! » Il changea donc subitement son programme, jeta les ruses, les sous-entendus où s'empêtrait sa franche et vaillante nature, et la tête haute, le cœur découvert, tint à cet honnête homme un langage qu'il était fait pour comprendre.

« Ne vous étonnez pas, mon cher collègue, — sa voix tremblait, mais elle s'assura bientôt dans la conviction de sa défense, — ne vous étonnez pas si je suis venu vous trouver ici au lieu de demander simplement à être entendu par le troisième bureau. Les explications que j'ai à vous fournir sont d'une nature tellement délicate et confidentielle qu'il m'eût été impossible de les donner dans un lieu public, devant mes collègues assemblés. »

Mᵉ Le Merquier, par-dessus ses lunettes, regarda le rideau d'un air effaré. Évidemment la conversation prenait un tour imprévu.

« Le fond de la question je ne l'aborde pas, reprit le Nabab... Votre rapport, j'en suis sûr, est impartial et loyal, tel que votre conscience a dû vous le dicter. Seulement il a couru sur mon compte d'écœurantes calomnies auxquelles je n'ai pas répondu et qui ont peut-être influencé l'opinion du bureau. C'est à ce sujet que je veux vous parler. Je sais la confiance dont vos collègues vous honorent, M. Le Merquier, et que, lorsque je vous aurai convaincu, votre parole suffira sans que j'aie besoin d'étaler ma tristesse devant tous... Vous connaissez l'accusation. Je parle de la plus terrible, de la plus ignoble. Il y en a tant qu'on pourrait s'y tromper... Mes ennemis ont donné des noms, des dates, des adresses... Eh bien! je vous apporte les preuves de mon innocence. Je les découvre devant vous, devant vous seul; car j'ai de graves raisons pour tenir toute cette affaire secrète. »

Il montra alors à l'avocat une attestation du consulat de Tunis, que pendant vingt ans il n'avait quitté la principauté que deux fois, la première pour aller retrouver son père mourant au Bourg-Saint-Andéol, la seconde pour faire avec le bey une visite de trois jours à son château de Saint-Romans.

« Comment se fait-il qu'avec un document aussi positif entre les mains je n'aie pas cité mes insulteurs devant les tribunaux pour les démentir et les confondre ?... Hélas! Monsieur, il y a dans les familles des solidarités cruelles... J'ai eu un frère, un pauvre être, faible et gâté, qui a roulé longtemps dans la boue de Paris, y a laissé son intelligence et son honneur... Est-il descendu à ce degré d'abjection où l'on m'a mis en son nom?... Je n'ai pas osé m'en convaincre... Ce que j'affirme, c'est que mon pauvre père, qui en savait plus que personne à la maison là-dessus, m'a dit tout bas en mourant : « Bernard, c'est l'aîné qui me tue... Je meurs de honte, mon enfant. »

Il fit une pause nécessaire à son émotion suffoquée, puis :

« Mon père est mort, M[e] Le Merquier, mais ma mère vit toujours, et c'est pour elle, pour son repos, que j'ai reculé, que je recule encore devant le retentissement de ma justification. En somme, jusqu'à présent, les souillures qui m'ont atteint n'ont pu rejaillir jusqu'à elle. Cela ne sort pas d'un certain monde, d'une presse spéciale, dont la bonne femme est à mille lieues... Mais les tribunaux, un procès, c'est notre malheur promené d'un bout de la France à l'autre, les articles du *Messager* reproduits par tous les journaux, même ceux du petit pays qu'habite ma mère. La calomnie, ma défense, ses deux enfants couverts de honte du même coup, le nom — seule fierté de la vieille paysanne — à tout jamais sali... Ce serait trop pour elle. Il y aurait de quoi la tuer. Et vrai, je trouve que c'est assez d'un... Voilà pourquoi j'ai eu le courage de me taire, de lasser, si je le pouvais, mes ennemis par le silence. Mais j'ai besoin d'un répondant vis-à-vis de la Chambre. Je veux lui ôter le droit de me repousser pour des motifs déshonorants, et puisqu'elle vous a choisi pour rapporteur, je suis venu tout vous dire comme à un confesseur, à un prêtre, en vous priant de ne rien divulguer de cette conversation, même dans l'intérêt de ma cause... Je ne vous demande que cela, mon cher collègue, une discrétion absolue; pour le reste, je m'en rapporte à votre justice et à votre loyauté. »

Il se levait, allait partir, et Le Merquier ne bougeait pas, interrogeant toujours la tenture verte devant lui, comme s'il y cherchait l'inspiration de sa réponse... Enfin :

« Il sera fait comme vous le désirez, mon cher collègue. Cette confidence restera entre nous... Vous ne m'avez rien dit, je n'ai rien entendu. »

Le Nabab encore tout enflammé de son élan qui appelait — semblait-il — une réponse cordiale, une poignée de main frémissante, se sentit saisi d'un étrange malaise. Cette froideur, ce regard absent le gênaient tellement qu'il gagnait déjà la porte avec le gauche salut des importuns. Mais l'autre le retint :

« Attendez donc, mon cher collègue... Comme vous êtes pressé de me quitter... Encore quelques instants, je vous en prie... Je suis trop heureux de m'entretenir avec un homme tel que vous... D'autant que nous avons plus d'un lien commun... Notre ami Hemerlingue m'a dit que vous vous occupiez beaucoup de tableaux, vous aussi. »

Jansoulet tressaillit. Ces deux mots : « Hemerlingue... tableaux » se rencontrant dans la même phrase et si inopinément, lui rendaient tous ses doutes, toutes ses perplexités. Il ne se livra pas encore cependant et laissa Le Merquier poser les mots l'un devant l'autre en tâtant le terrain pour ses avances trébuchantes... On lui avait beaucoup parlé de la galerie de son honorable collègue... « Serait-ce indiscret de solliciter la faveur d'être admis à... ?

— Comment donc ! mais je serais trop honoré, » dit le Nabab chatouillé dans le point le plus sensible — parce qu'il avait été le plus coûteux — de sa vanité ; et, regardant autour de lui les murs du cabinet, il ajouta d'un ton connaisseur : « Vous aussi, vous possédez quelques beaux morceaux...

— Oh! fit l'autre modestement, à peine quelques toiles... C'est si cher aujourd'hui, la peinture... c'est un goût si onéreux à satisfaire, une vraie passion de luxe... Une passion de nabab, dit-il en souriant, avec un coup d'œil furtif par-dessus ses lunettes. »

C'étaient deux joueurs prudents face à face; Jansoulet seulement un peu dérouté dans cette situation nouvelle, où il lui fallait se garer, lui qui ne savait que les coups d'audace.

« Quand je pense, murmura l'avocat, que j'ai mis dix ans à meubler ces murs, et qu'il me reste encore tout ce panneau à remplir... »

En effet, à l'endroit le plus apparent de la haute cloison s'étalait une place vide, évacuée plutôt, car un gros clou doré près du plafond montrait la trace visible, presque grossière, du piége tendu au pauvre naïf, qui s'y laissa prendre sottement.

« Mon cher monsieur Le Merquier, dit-il d'une voix engageante et bon enfant, j'ai justement une vierge du Tintoret à la mesure de votre panneau... »

Impossible de rien lire dans les yeux de l'avocat réfugiés cette fois sous leur abri miroitant.

« Permettez-moi de l'accrocher là, en face de votre table... Cela vous donnera l'occasion de penser quelquefois à moi...

— Et d'atténuer les sévérités de mon rapport, n'est-ce pas, Monsieur? s'écria Le Merquier, formidable et debout, la main sur la sonnette... J'ai vu bien des impudeurs dans ma vie, jamais rien de pareil à celle-là... Des offres semblables à moi, chez moi !...

— Mais, mon cher collègue, je vous jure...

— Reconduisez... » dit l'avocat au domestique patibulaire qui venait d'entrer; et du milieu de son cabinet dont la porte restait ouverte, devant tout le parloir où les patenôtres se taisaient, il poursuivit Jansoulet — qui tendait le dos et se hâtait en balbutiant vers la sortie — de ces paroles foudroyantes :

« C'est l'honneur de toute la Chambre que vous venez d'outrager dans ma personne, Monsieur... Nos collègues en seront informés aujourd'hui même; et, ce grief de plus se joignant à d'autres, vous apprendrez à vos dépens que Paris n'est pas l'Orient et qu'on n'y pratique pas, comme là-bas, le marchandage et le trafic honteux de la conscience humaine. »

Puis, après avoir chassé le vendeur du temple, l'homme juste referma sa porte, et s'approchant du mystérieux rideau vert, dit d'un ton qui sortait doucereux de sa feinte colère :

« Est-ce bien cela, baronne Marie ? »

XXI

LA SÉANCE

Ce matin-là, par exception, il n'y avait pas eu de grand déjeuner au n° 32 de la place Vendôme. Aussi vous auriez vu vers une heure la panse majestueuse de M. Barreau s'épanouir en blancheur à l'entrée du porche parmi quatre ou cinq marmitons coiffés de leurs barrettes, tout autant de palefreniers en béret écossais, groupe imposant qui donnait à la maison somptueuse l'aspect d'un hôtel de voyageurs, dont le personnel aurait pris le frais entre deux arrivages. Ce qui complétait la ressemblance, c'était le fiacre arrêté devant la porte et le cocher en train de descendre une malle en cuir de forme antique, pendant qu'une grande vieille, embéguinée de jaune, la taille droite dans un petit châle vert, sautait légèrement sur le trottoir, un panier au bras, regardait le numéro avec beaucoup d'attention, puis s'approchait de la valetaille pour demander si c'était bien là que demeurait M. Bernard Jansoulet.

« C'est ici, lui répondit-on... Mais il n'y est pas.

— Ça ne fait rien, dit la vieille très naturellement. »

Elle revint vers le cocher, fit poser sa malle sous le porche, et paya, non sans renfoncer ensuite son porte-monnaie dans sa poche, d'un geste qui en disait long sur les méfiances de la province.

Depuis que Jansoulet était député de la Corse, on avait tant vu débarquer chez lui de ces types exotiques et étranges, que les domestiques ne s'étonnèrent pas trop devant cette femme au teint brûlé, aux yeux charbonnés et ardents, ressemblant bien sous sa coiffe sévère à une vraie Corse, à quelque vieille vocératrice arrivée tout droit du mâquis, mais se distinguant des insulaires fraîchement débarqués par l'aisance et la tranquillité de ses manières.

« Comme çà, le maître n'est pas là ?... dit-elle avec une intonation qui s'adressait bien plus aux gens d'une ferme, d'un *mas* de son pays, qu'à la valetaille insolente d'une grande maison parisienne.

— Non... le maître n'est pas là.

— Et les enfants?

— Ils prennent leur leçon... Vous ne pouvez pas les voir.

— Et madame?

— Elle dort... On n'entre pas dans sa chambre avant trois heures. »

Cela parut l'étonner un peu, la brave femme, qu'on pût rester au lit si tard; mais le sûr instinct, qui à défaut d'éducation guide les natures distinguées, l'empêcha de rien dire devant les domestiques, et, tout de suite, elle demanda à parler à Paul de Géry.

« Il est en voyage...

— Bompain Jean-Baptiste, alors?

— A la séance, avec monsieur... »

Son gros sourcil gris se fronça :

« C'est égal... montez ma malle tout de même. »

Et, avec un petit frisement d'œil malicieux, une fierté, une revanche des regards insolents posés sur elle, elle ajouta :

« Je suis la maman. »

Marmitons et palefreniers s'écartèrent respectueusement. M. Barreau souleva son bonnet :

« Je me disais bien que j'avais vu madame quelque part.

— C'est ce que je me disais aussi, mon garçon, répondit la mère Jansoulet à qui le souvenir des tristes fêtes du bey venait de donner un frisson au cœur. »

Mon garçon!... à M. Barreau, à un homme de cette importance... Voilà qui la mettait tout de suite très haut dans l'estime de tout ce monde-là.

Ah! les grandeurs et les splendeurs ne l'éblouissaient guère, la courageuse vieille. Ce n'était pas une mère Boby d'opéra-comique s'extasiant sur les dorures et les beaux affiquets; et, dans le grand escalier qu'elle montait derrière sa malle, les corbeilles de fleurs à tous les étages, les lampadaires soutenus par des statues de bronze ne l'empêchèrent pas de remarquer qu'il y avait un doigt de poussière sur la rampe et des déchirures au tapis. On la conduisit aux appartements du second, réservés à la Levantine et aux enfants, et là, dans une salle servant de lingerie, qui devait être voisine du cabinet d'études, car on entendait un murmure de voix enfantines, elle attendit toute seule, son panier sur les genoux, le retour de son Bernard, peut-être le réveil de sa bru, ou la grande joie d'embrasser ses petits-fils. Rien mieux que ce qu'elle voyait autour d'elle ne pouvait lui donner une idée du désordre d'un intérieur livré aux domestiques, où manquent la surveillance de la femme et son activité prévoyante. Dans de vastes armoires, toutes ouvertes, le linge s'amoncelait pêle-mêle en piles éventrées, irrégulières, dégringolantes, les draps de batiste, les services de Saxe tamponnés, chiffonnés, et les serrures empêchées de fonctionner par quelque broderie en déroute, que personne ne se donnait la peine de relever. Pourtant il passait bien des servantes dans cette lingerie, des négresses en madras jaune qui tiraient de là en hâte une serviette, un tablier, marchaient à même ces richesses domestiques répandues, traînaient jusqu'au bout de la pièce sur leurs pieds plats des ruches de dentelles décousues d'un grand jupon qu'une fille de chambre avait jeté, le dé d'un côté, les ciseaux de l'autre, comme un ouvrage prêt à reprendre.

L'artisane demi-rustique qu'était restée la mère du millionnaire Jansoulet se trouvait choquée ici dans le respect, la tendresse, les douces manies qu'inspire à la provinciale l'armoire au linge remplie pièce à pièce jusqu'au faîte, pleine des reliques du passé pauvre, et dont le contenu s'augmente et s'affine peu à peu, premier effort de l'aisance, de la richesse apparente d'un logis. Encore celle-là tenait la quenouille du matin au soir, et si la ménagère s'indignait, la fileuse aurait pleuré comme devant une profanation. A la fin, n'y tenant plus, elle se leva, quitta sa pose observatrice et patiente; et courbée, active, son petit châle vert déplacé à chaque mouvement, se mit à ramasser, détirer, plier soigneusement ce linge magnifique, comme elle faisait sur les pelouses de Saint-Romans, lorsqu'elle se donnait la fête d'une grande lessive, occupant vingt journalières, les mannes débordant de blancheurs flottantes et les draps claquant au vent du matin sur les longues cordes à sécher. Elle était au plus fort de cette occupation qui lui aurait fait oublier le voyage, Paris, jusqu'à l'endroit ou elle se trouvait, quand un homme replet, trapu, barbu, en bottes vernies, jaquette de velours dessinant une encolure de taureau, fit son entrée dans la lingerie.

« Té!... Cabassu...

— Vous ici, madame Françoise... En voilà une surprise, dit le masseur, écarquillant ses gros yeux de giaour de pendule.

— Mais oui, mon brave Cabassu, c'est moi... Je viens d'arriver... Et, comme tu vois, je suis déjà à l'ouvrage. Ça me saignait l'âme de voir tout ce gâchis.

— Vous êtes donc venue pour la séance?

— Quelle séance?

— Mais la grande séance du Corps législatif... C'est aujourd'hui...

— Ma foi, non. Qu'est-ce que tu veux que cela puisse me faire?... Je n'y comprendrais rien à cette chose-là... Non, je suis venue parce que j'avais envie de connaître mes petits Jansoulet, et puis que je commençais à être inquiète. Voilà plusieurs fois que j'écrivais sans recevoir de réponse. J'ai eu peur qu'il y eût un enfant malade, que Bernard fût mal dans ses affaires, toutes sortes de mauvaises idées. Il m'a pris un gros chagrin noir, et je suis partie... Ils vont tous bien ici, a ce qu'on m'a dit?...

— Mais oui, madame Françoise... Grâce à Dieu, tout le monde se porte à merveille.

— Et Bernard?... Son commerce... Ça marche comme il veut?...

— Oh! vous savez, on a toujours ses petits tracas dans la vie de ce monde...; finalement, je crois qu'il n'a pas à se plaindre... Mais j'y songe, vous devez avoir faim... Je vas vous faire servir quelque chose. »

Il allait sonner, à l'aise et chez lui bien plus que la vieille mère. Elle le retint :

« Non, non, je n'ai besoin de rien. Il me reste encore des provisions du voyage. »

Sur le bord de la table elle posait deux figues, une croûte de pain, tirées de son panier, puis, tout en mangeant :

« Et toi, petit, tes affaires?... Tu m'as l'air joliment requinqué depuis la dernière fois que tu es venu au Bourg... Quel linge, quels effets!... Dans quelle partie es-tu donc?

— Professeur de massage... répondit Aristide gravement.

— Professeur, toi?... dit-elle avec un étonnement respectueux; mais elle n'osa lui demander ce qu'il enseignait, et Cabassu, que ces questions embarrassaient un peu, se hâta de passer à un autre sujet :

— Si j'allais chercher les enfants... On ne leur a donc pas dit que leur grand'mère était là?...

— C'est moi qui n'ai pas voulu les déranger de leur travail... Mais je crois que la classe est finie maintenant. Écoute... »

On entendait derrière la porte cette impatience piétinante des écoliers qui vont sortir, avides d'espace et d'air; et la vieille savourait ce joli train qui doublait son désir maternel, mais l'empêchait de rien faire pour en hâter le contentement... Enfin, la porte s'ouvrit... Le précepteur parut d'abord, un abbé au nez pointu, aux fortes pommettes, que nous avons vu figurer aux déjeuners d'apparat d'autrefois. Brouillé avec son évêque, l'ambitieux desservant avait quitté le diocèse où il exerçait, et, dans sa position précaire d'irrégulier du clergé, — car le clergé a sa bohème, lui aussi — se trouvait heureux d'instruire les petits Jansoulet, récemment expulsés de Bourdaloue. De cet air solennel, arrogant, accablé de responsabilités, que devaient avoir les grands prélats chargés de l'éducation des Dauphins de France, il précédait trois petits bonshommes frisés, gantés, à chapeaux oblongs, en vestons courts, avec des sacs de cuir en sautoir et de grands bas rouges montant jusqu'au milieu de leurs petites jambes maigriotes d'enfants grandissants, la tenue du parfait vélocipédiste au moment de monter en selle.

« Mes enfants, dit Cabassu, le familier de la maison, voilà madame Jansoulet, votre grand'mère, qui est venue à Paris exprès pour vous voir. »

Ils s'arrêtèrent trés étonnés, en rang de taille, examinant ce vieux visage crevassé entre les barbes jaunes de sa coiffe, cette mise étrange, d'une simplicité inconnue ; et l'étonnement de leur grand'mère répondait au leur, doublée d'une déconvenue navrante et de la gêne ressentie en face de ces petits messieurs gourmés et dédaigneux autant que les marquis, les comtes, les préfets en tournée que son fils lui amenait à Saint-Romans. Sur l'injonction de leur précepteur « de saluer leur vénérable aïeule, » ils vinrent à tour de rôle lui donner ces petites poignées de mains à bras trop courts, dont ils avaient tant distribué dans les mansardes ; et le fait est que cette bonne femme à la figure terreuse, aux hardes propres mais bien simples, leur rappelait les visites de charité du collège Bourdaloue. Ils sentaient d'eux à elle le même inconnu, la même distance, qu'aucun souvenir, que nulle parole de leurs parents n'était jamais venue combler. L'abbé comprit cette gêne et se lança, pour la dissiper, dans une allocution débitée de cette voix de gorge, avec ces gestes virulents, familiers à ceux qui croient toujours avoir au-dessous d'eux les dix marches de hauteur d'une chaire :

« Eh bien! madame, le voilà venu, le jour, le grand jour où M. Jansoulet va confondre ses ennemis. *Confundantur hostes mei, quia injuste iniquitatem fecerunt in me*, parce qu'ils m'ont injustement persécuté. »

La vieille s'inclina religieusement devant le latin de l'Église qui passait; mais sa figure prit une expression vague d'inquiétude à cette idée d'ennemis et de persécutions.

« Ces ennemis sont puissants et nombreux, ma noble dame, mais ne nous alarmons pas outre mesure. Ayons confiance aux décrets du ciel et à la justice de notre cause. Dieu est au milieu d'elle, elle ne sera pas ébranlée. *In medio ejus non commovebitur.* »

Un nègre gigantesque, tout galonné d'or neuf, l'interrompit, en annonçant que les vélocipèdes étaient prêts, pour la leçon quotidienne sur la terrasse des Tuileries. Avant de partir, les enfants secouèrent encore solennellement la main ridée et caillouteuse de leur aïeule qui les regardait partir, stupéfaite et le cœur serré, quand tout à coup, par un adorable mouvement spontané, le plus jeune, arrivé à la porte, se retourna vivement, bouscula le grand nègre, et vint se jeter, la tête en avant, comme un petit buffle, dans les jupes de la mère Jansoulet qu'il serra à bras le corps en lui tendant son front lisse éclaboussé de boucles brunes, avec la bonne grâce de l'enfant qui offre sa caresse comme une fleur. Peut-être celui-là, plus près du nid et de ses tiédeurs, des girons qui bercent et des nourrices aux chansons patoises, avait-il senti venir vers son petit cœur les effluves maternelles dont le privait la Levantine. La vieille « Grand » frissonna toute, à la surprise de cette étreinte instinctive :

« Oh! mon petit... mon petit... dit-elle en saisissant la grosse petite tête soyeuse et frisée qui lui en rappelait une autre, et elle l'embrassa éperdument. Puis, l'enfant se dégagea, se sauva sans rien dire, les cheveux mouillés de larmes chaudes.

Restée seule avec Cabassu, la mère, que ce baiser avait réconfortée, demanda quelques explications sur les paroles du prêtre. Son fils avait donc beaucoup d'ennemis ?

« Oh! disait Cabassu, ce n'est pas étonnant, dans sa position...

— Mais enfin qu'est-ce que c'est que ce grand jour, cette séance dont vous me parlez tous ?

— Eh bé ! oui... C'est aujourd'hui qu'on va savoir si Bernard sera ou non député.

— Comment ?... il ne l'est donc pas encore ?... Et moi qui l'ai dit partout dans le pays, moi qui ai tout illuminé Saint-Romans, il y a un mois... C'est donc un mensonge qu'on m'a fait faire. »

Le masseur eut beaucoup de peine à lui expliquer les formalités parlementaires de la validation des pouvoirs. Elle n'écoutait que d'une oreille, arpentant la lingerie avec fièvre.

« C'est là qu'il est, mon Bernard, en ce moment ?

— Oui, Madame.

— Et les femmes, est-ce qu'elles peuvent y entrer, à cette Chambre ?... Alors pourquoi donc que la sienne n'y est pas ?... Car, enfin, je comprends bien que c'est une grande affaire pour lui... Il aurait besoin, un jour comme aujourd'hui, de sentir tous ceux qu'il aime à son côté... Tiens, sais-tu, mon garçon, tu vas m'y conduire, à sa séance... Est-ce que c'est loin ?

— Non, tout près d'ici... Seulement, ce doit être déjà commencé. Et puis, ajouta le Giaour un peu gêné, c'est l'heure où madame a besoin de moi.

— Ah !... Est-ce que tu lui enseignes cette chose dont tu es professeur ? Comment dis-tu ça ?...

— Le massage... Ça nous vient des anciens... Justement, la voilà qui sonne. On va venir me chercher. Voulez-vous que je l'avertisse que vous êtes ici ?

— Non, non, j'aime bien mieux aller là-bas tout de suite.

— Mais vous n'avez pas de carte pour entrer ?

— Bah ! je dirai que je suis la mère de Jansoulet, et que je viens pour entendre juger mon fils. »

Pauvre mère ! elle ne croyait pas si bien dire.

« Attendez donc, madame Françoise. Je vais vous donner quelqu'un pour vous conduire, au moins.

— Oh ! tu sais, moi, la domestiquaille, je n'ai jamais pu m'y faire. J'ai une langue. Il y a du monde par les rues. Je trouverai bien mon chemin. »

Il tenta un dernier effort, sans laisser voir toute sa pensée :

« Prenez garde. Ses ennemis vont parler contre lui à la Chambre. Vous allez entendre des choses qui vons feront de la peine. »

Oh ! le beau sourire de croyance et de fierté maternelles avec lesquelles elle répondit :

« Est-ce que je ne sais pas mieux qu'eux tous ce que vaut mon enfant ? Est-ce que rien pourrait me le faire méconnaître ? Il faudrait que je sois une fière ingrate alors. Allons, zou ! »

Et secouant terriblement ses coiffes, elle partit.

Le buste droit, la tête haute, la vieille s'en

allait à brusques enjambées, sous les grandes arcades qu'on lui avait dit de suivre, un peu troublée par le roulement incessant des voitures et par l'oisiveté de sa marche que n'accompagnait plus le mouvement de cette fidèle quenouille, qui ne l'avait jamais quittée depuis cinquante ans. Toutes ces idées d'inimitiés, de persécutions, les paroles mystérieuses du prêtre, les restrictions de Cabassu l'agitaient, l'effrayaient. Elle y trouvait l'explication des pressentiments qui s'étaient emparés d'elle au point de l'arracher à ses habitudes, à ses devoirs, à la surveillance du château et de son malade. Du reste, chose singulière, depuis que la fortune avait jeté sur son fils et sur elle cette chape d'or aux plis lourds, la mère Jansoulet ne s'y était pas encore faite et s'attendait toujours à la subite disparition de ces splendeurs... Qui sait si la débâcle n'allait pas commencer cette fois?... Et subitement, au travers de ces sombres pensées, le souvenir de la scène enfantine de tout à l'heure, du tout petit se frottant à ses jupes de droguet, amenait sur ses lèvres ridées le gonflement d'un sourire tendre; et ravie, elle murmurait dans son patois :

« Oh! de ce petit, pourtant... »

Une place magnifique, immense, éblouissante, deux gerbes d'eau envolées en poussière d'argent, puis un grand pont de pierre et, tout au bout, une maison carrée avec des statues devant, une grille où stationnaient des voitures, du monde qui entrait, des sergents de ville attroupés. C'était là... Elle écarta la foule bravement et marcha jusqu'à une haute porte vitrée.

« Votre carte, ma bonne femme? »

La bonne femme n'avait pas de carte, mais elle dit simplement à un de ces huissiers à revers rouges qui gardaient l'entrée :

« Je suis la mère de Bernard Jansoulet... Je viens pour la séance de mon garçon. »

C'était bien la séance de son garçon en effet; car, dans cette foule assiégeant les portes, dans celle qui remplissait les couloirs, la salle, les tribunes, tout le palais, le même nom se chuchotait accompagné de sourires et de racontars. On s'attendait à un grand scandale, à des révélations terribles du rapporteur qui amèneraient sans doute quelque violence du barbare acculé; et l'on se pressait là comme pour une première représentation ou les plaidoiries d'une cause célèbre. La vieille mère n'aurait pu certainement se faire entendre au milieu de cette affluence, si la traînée d'or, laissée par le Nabab partout où il passait, et marquant sa trace royale, ne lui avait facilité tous les chemins. Elle allait donc derrière un huissier de service dans cet enchevêtrement de couloirs, de portes battantes, de salles nues et sonores, emplies d'un bourdonnement qui circulait avec l'air du bâtiment, sortait de ses murailles, comme si les pierres elles-mêmes imprégnées de « parlotage » joignaient des échos anciens à ceux de toutes ces voix. En traversant un corridor, elle vit un petit homme brun, qui gesticulait et criait aux gens de service :

« Vous direz à moussiou Jansoulet que c'est moi que ze souis le maire de Sarlazaccio, que z'ai été condamné à cinq mois de prison pour loui... Ça méritait bien oune carte pour la séance, corps de Dieu ! »

Cinq mois de prison à cause de son fils... Pourquoi cela ?... Très inquiète, elle arrivait enfin, les oreilles sifflantes, en haut d'un palier où des inscriptions différentes « *tribune du Sénat, du corps diplomatique, des députés* » surmontaient des petites portes d'hôtel garni ou de loges de théâtre. Elle entrait, et sans rien voir d'abord que quatre ou cinq rangs de banquettes chargées de monde, puis, en face, bien loin, séparées d'elle par un vaste espace clair, d'autres tribunes pareillement remplies, elle s'accotait tout debout au pourtour, étonnée d'être là, éblouie, abasourdie. Une bouffée d'air chaud qui lui venait dans la figure, un brouhaha de voix montantes l'attiraient dans la pente de l'estrade, vers l'espèce de gouffre ouvert au milieu du grand vaisseau, et où son fils devait être. Oh ! qu'elle aurait voulu le voir... Alors en s'amincissant encore, en jouant de ses coudes pointus et durs comme son fuseau, elle se glissa, se faufila entre le mur et les banquettes, sans prendre garde aux petits courroux qu'elle éveillait, au dédain des femmes en toilette dont elle chiffonnait les dentelles, les parures printanières. Car l'assemblée était toute élégante, mondaine. La mère Jansoulet reconnaissait même, à son plastron inflexible, à son nez aristocratique, le beau marquis visiteur de Saint-Romans, qui portait si bien son nom d'oiseau de luxe; mais lui, ne la regardait pas. Avancée ainsi de quelques rangs, elle fut arrêtée par un dos d'homme assis, un dos énorme qui barrait tout, l'empêchait d'aller plus loin. Heureusement que de là, en se penchant un peu, elle apercevait presque toute la salle; et ces gradins en demi-cercle où se pressaient les députés, la tenture verte des murailles, cette chaire dans le fond occupée par un homme chauve, à l'air sévère, lui faisaient l'effet, sous le jour studieux et gris tombant de haut, d'une classe qui va commencer et que précèdent le bavardage, le déplacement d'écoliers dissipés.

Une chose la frappa, l'insistance des regards à ne se tourner que d'un côté, à chercher le même point attirant; et comme elle suivait ce courant de curiosité qui entraînait l'assemblée tout entière, aussi bien la salle que les tribunes, elle vit que ce qu'on regardait ainsi, c'était son fils.

Au pays des Jansoulet, on trouve encore, dans quelques anciennes églises, au fond du chœur, à mi-hauteur dans la crypte, une logette en pierre, où le lépreux était admis à écouter l'office, montrant à la foule curieuse et craintive sa sombre silhouette de fauve accroupie contre les meurtrières pratiquées au mur. Françoise se souvenait très bien d'avoir vu, au village où elle avait été nourrie, le « ladre », effroi de son enfance, entendant la messe du fond de sa cage de pierre, perdu dans l'ombre et la réprobation... En voyant son fils assis, la tête dans ses mains, seul, tout en haut, à part des autres, ce souvenir lui revint à l'esprit. « On dirait le ladre », murmura la paysanne. Et c'était bien un lépreux, en effet, ce pauvre Nabab, à qui ses millions rapportés d'Orient infligeaient en ce moment comme une terrible et mystérieuse maladie exotique. Par hasard, le banc où il avait choisi sa place s'éclaircissait de plusieurs vides causés par des congés ou des morts récentes; et tandis que les autres députés communiquaient entre eux, riaient, se faisaient des signes, lui se tenait silencieux, isolé, signalé à l'attention de toute la Chambre, attention que la mère Jansoulet devinait malveillante, ironique, et qui la brûlait au passage. Comment lui faire savoir qu'elle était là, près de lui, qu'un cœur fidèle battait non loin du sien? Il évitait de se tourner vers cette tribune. On eût dit qu'il la sentait hostile, qu'il craignait d'y voir des choses attristantes... Soudain, à un coup de sonnette venu de l'estrade présidentielle, un tressaillement courut par l'assemblée, toutes les têtes se penchèrent dans cet élancement attentif qui immobilise les traits de la face, et un homme maigre à lunettes, subitement dressé parmi tant de gens assis, ce qui lui donnait déjà l'autorité de l'attitude, dit en ouvrant le cahier qu'il tenait à la main :

« Messieurs, je viens au nom de votre troisième bureau, vous proposer d'annuler l'élection de la deuxième circonscription du département de la Corse. »

Dans le grand silence qui suivit cette phrase que la mère Jansoulet ne comprit pas, le gros poussah assis devant elle se mit à souffler violemment, et tout à coup, au premier rang de la tribune, un délicieux visage de femme se retourna vers lui, pour lui adresser un signe rapide d'intelligence et de contentement. Front pâle, lèvres minces, sourcils trop noirs dans le blanc encadrement du chapeau, cela fit dans les yeux de la bonne vieille, sans qu'elle sût pourquoi, l'effet douloureux du premier éclair quand l'orage commence et que l'appréhension de la foudre suit le vif échange des fluides.

Le Merquier lisait son rapport. La voix lente, blafarde, monotone, l'accent lyonnais, traînard et mou, où la longue taille de l'avocat se berçait par un mouvement de tête et d'épaules presque animal, faisaient un singulier contraste à la netteté féroce du réquisitoire. D'abord un rapide exposé des irrégularités électorales. Jamais le suffrage universel n'avait été traité avec ce sans-façon primitif et barbare. A Sarlazaccio, où le concurrent de Jansoulet paraissait devoir l'emporter, l'urne est détruite pendant la nuit précédant le dépouillement. Même aventure ou à peu près à Lévie, à Saint-André, à Avabessa. Et ce sont les maires eux-mêmes qui commettent ces attentats, emportent les urnes à leurs domiciles, brisent les scellés, déchirent les bulletins de vote sous le couvert de leur autorité municipale. Nul respect de la loi. Partout la fraude, l'intrigue, même la violence. A Calcatoggio, un homme armé s'est tenu tout le temps de l'élection à la fenêtre d'une auberge, l'escopette au poing, juste en face de la mairie; et chaque fois qu'un partisan de Sébastiani, l'adversaire de Jansoulet, se montrait sur la place, l'homme le mettait en joue : « Si tu entres, je te brûle! » D'ailleurs, quand on voit des commissaires de police, des juges de paix, des vérificateurs de poids et mesures ne pas craindre de s'improviser agents électoraux, d'effrayer, d'entraîner la population soumise à toutes ces petites influences locales si tyranniques, n'est-ce pas la preuve d'une licence effrénée? Jusqu'à des prêtres, de saints pasteurs égarés par leur zèle pour le tronc des pauvres et l'entretien de leur église indigente, qui ont prêché une mission véritable en faveur de l'élection Jansoulet. Mais une influence encore plus puissante, quoique moins respectable, a été mise en jeu pour la bonne cause, l'influence des bandits. « Oui, des bandits, Messieurs, je ne ris pas. » Et là-dessus une esquisse à grands traits du banditisme corse en général et de la famille Piedigriggio en particulier...

La Chambre, très attentive, écoutait avec une certaine inquiétude. En somme, c'était un candidat officiel dont on signalait ainsi les agissements, et ces étranges mœurs électorales appartenaient à ce pays privilégié, berceau de la famille impériale, si étroitement lié aux destinées de la dynastie, qu'une attaque à la Corse semblait remonter jusqu'au souverain. Mais quand on vit, au banc du gouvernement, le nouveau ministre d'État, successeur et ennemi de Mora, tout joyeux de l'échec arrivé à une créature du défunt, sourire complaisamment au cruel persiflage de Le Merquier, aussitôt toute gêne disparut, et le sourire ministériel, répété sur trois cents bouches, s'agrandit bientôt en un rire à peine contenu, ce rire des foules dominées par une férule quelconque et que la moindre approbation du maître fait éclater. Dans les tribunes peu gâtées d'ordinaire sur le pittoresque, et que ces histoire de bandits amusaient comme un vrai roman, c'était une joie générale, une animation radieuse de tous ces visages de femmes, heureux de pouvoir paraître jolis sans manquer à la solennité de l'endroit. De petits chapeaux clairs frémissaient de toute leur aigrette fleurie, des bras ronds cerclés d'or s'accoudaient pour mieux écouter. Le grave Le Merquier avait apporté à la séance la distraction d'un spectacle, la petite note comique permise aux concerts de charité pour amadouer les profanes.

Impassible et très froid au milieu de son succès, il continuait à lire de sa voix morne et pénétrante comme une pluie lyonnaise :

« Maintenant, Messieurs, on se demande comment un étranger, un Provençal retour d'Orient, ignorant des intérêts et des besoins de cette île où on ne l'avait jamais vu avant les élections, le vrai type de ce que les Corses appellent dédaigneusement un continental, comment cet homme a pu susciter un pareil enthousiasme, un dévouement poussé jusqu'au crime, jusqu'à la profanation. C'est sa richesse qui nous répondra, son or funeste jeté à la face des électeurs, fourré de force dans leurs poches avec un cynisme effronté dont nous avons mille preuves. » Alors l'interminable série des dénonciations : « Je soussigné Croce (Antoine), atteste dans l'intérêt de la vérité que le commissaire de police Nardi venu chez nous un soir, m'a dit : — Écoute, Croce (Antoine)... je te jure sur le feu de cette lampe que, si tu votes pour Jansoulet, tu auras cinquante francs demain matin. » Et cet autre : « Je soussigné Lavezzi (Jacques-Alphonse) déclare avoir refusé avec mépris, dix-sept francs que m'offrait le maire de Pozzo-Negro pour voter contre mon cousin Sebastiani... » Il est probable que, pour trois francs de plus (Lavezzi Jacques-Alphonse) aurait dévoré son mépris en silence. Mais la Chambre n'y regardait pas de si près.

L'indignation la soulevait, cette chambre incorruptible. Elle grondait, elle s'agitait sur ses moelleuses banquettes de velours rouge, poussait des clameurs. C'étaient des « oh ! » de stupéfaction, des yeux en accent circonflexe, de brusques révoltes en arrière, ou des affaissements consternés, découragés, comme en cause parfois le spectacle de la dégradation humaine. Et remarquez que la plupart de ces députés s'étaient servis des mêmes manœuvres électorales, qu'il y avait là les héros de ces fameux « rastels, » de ces ripailles en plein vent promenant en triomphe des veaux pavoisés, enrubannés, comme à des kermesses de Gargantua. Ceux-là justement criaient plus fort que les autres, se tournaient, furieux, vers le banc solitaire et élevé où le pauvre lépreux écoutait, immobile, la tête dans ses mains. Pourtant, au milieu du haro général, une voix s'élevait en sa faveur, mais sourde, inexercée, moins une parole qu'un bredouillement sympathique à travers lequel on distinguait vaguement : Grands services rendus à la population corse... Travaux considérables... *Caisse territoriale.* »

Celui qui bégayait ainsi était un tout petit homme en guêtres blanches, tête d'albinos, aux poils rares, hérissés par touffes. Mais l'interruption de ce maladroit ami ne put que fournir à Le Merquier une transition rapide et toute naturelle. Un sourire hideux écarta ses lèvres molles : « L'honorable M. Sarigue nous parle de la *Caisse territoriale*, nous allons pouvoir lui répondre. » L'antre Paganetti semblait lui être, en effet, très familier. En quelques phrases nettes et vives, il projeta la lumière jusqu'au fond du sombre repaire, en montra tous les pièges, tous les gouffres, les détours, les chausses-trappes, comme un guide secouant sa torche au dessus des oubliettes de quelque sinistre *in pace*. Il parla des fausses carrières, des chemins de fer en tracé, des paquebots chimériques disparus dans leur propre fumée. L'affreux désert de Taverna ne fut pas oublié, ni la vieille *torre* génoise, servant de bureau à l'agence maritime. Mais ce qui réjouit surtout la Chambre, ce fut le récit d'une cérémonie picaresque organisée par le gouverneur pour la percée d'un tunnel à travers le Monte-Rotondo, travail gigantesque toujours en projet, remis d'année en année, demandant des millions d'argent, des milliers de bras, et qu'on avait commencé en grande pompe huit jours avant l'élection. Le rapport relatait drôlement la chose, le premier coup de pioche donné par le candidat dans l'énorme montagne couverte de forêts séculaires, le discours du préfet, la bénédiction des oriflammes aux cris de « vive Bernard Jansoulet, » et deux cents ouvriers se mettant à l'œuvre immédiatement, travaillant jour et nuit pendant une semaine, puis — sitôt l'élection faite — abandonnant sur place les débris du roc entamé autour d'une excavation dérisoire, un asile de plus pour les redoutables rôdeurs du mâquis. Le tour était joué. Après avoir si longtemps extorqué l'argent des actionnaires, la *Caisse territoriale* venait de servir cette fois à subtiliser les votes des électeurs. « Du reste, Messieurs, voici un dernier détail, par lequel j'aurais pu commencer pour vous épargner le navrant récit de cette pasquinade électorale. J'apprends qu'une instruction judiciaire est ouverte aujourd'hui même contre le comptoir Corse, et qu'une sérieuse expertise de ses livres va très vraisemblablement amener un de ces scandales financiers trop fréquents, hélas! de nos jours, et auquel vous ne voudrez pas, pour l'honorabilité de cette Chambre, qu'aucun de vos membres se trouve mêlé. »

Sur cette révélation subite, le rapporteur s'arrêta un moment, prit un temps comme un comédien soulignant son effet ; et dans le silence dramatique pesant tout à coup sur l'Assemblée, on entendit le bruit d'une porte qui se fermait. C'était le gouverneur Paganetti quittant lestement sa tribune, le visage blême, les yeux ronds, la bouche en sifflet d'un maître Pierrot qui vient de flairer dans l'air quelque formidable coup de batte. Monpavon, immobile, élargissait son plastron. Le gros homme soufflait violemment dans les guirlandes du petit chapeau blanc de sa femme.

La mère Jansoulet regardait son fils.

« J'ai parlé de l'honorabilité de la Chambre, Messieurs... je veux en parler encore... »

Cette fois Le Merquier ne lisait plus. Après le rapporteur, l'orateur entrait en scène, le justicier plutôt. La face éteinte, le regard abrité, rien ne vivait, rien ne bougeait de son grand corps que le bras droit, ce bras long, anguleux, aux manches courtes, qui s'abaissait automatiquement comme un glaive de justice, mettait à chaque fin de phrase le geste cruel et inexorable d'une décollation. Et c'était certes une exécution véritable à laquelle on assistait. L'orateur voulait bien laisser de côté les légendes scandaleuses, le mystère qui planait sur cette fortune colossale acquise aux pays lointains, loin de tout contrôle. Mais il y avait dans la vie du candidat certains points difficiles à éclaircir, certains détails... Il hésitait, semblait chercher, épurer ses mots, puis devant l'impossibilité de formuler l'accusation directe : « Ne rabaissons point le débat, Messieurs... Vous m'avez compris, vous savez à quels bruits infâmes je fais allusion, à quelles calomnies, voudrais-je pouvoir dire ; mais la vérité me force à déclarer que lorsque M. Jansoulet, appelé devant votre troisième bureau, a été mis en demeure de confondre les accusations dirigées contre lui, ses explications ont été si vagues, que tout en restant persuadés de son innocence, un soin scrupuleux de votre honneur nous a fait rejeter une candidature entachée d'un soupçon de ce genre. Non, cet homme ne doit pas siéger au milieu de vous. Qu'y ferait-il d'ailleurs ?... Établi depuis si longtemps en Orient, il a désappris les lois, les mœurs, les usages de son pays. Il croit aux justices expéditives, aux bastonnades en pleine rue, il se fie aux abus de pouvoir, et, ce qui est pis encore, à la vénalité, à la bassesse accroupie de tous les hommes. C'est le traitant qui se figure que tout s'achète, quand on y met le prix, même les votes des électeurs, même la conscience de ses collègues... »

Il fallait voir avec quelle admiration naïve

ces bons gros députés, engourdis de bien-être, écoutaient cet ascète, cet homme d'un autre âge, pareil à quelque saint Jérôme sorti du fond de sa thébaïde pour venir, en pleine assemblée du Bas-Empire, foudroyer de son éloquence indignée le luxe effronté des prévaricateurs et des concussionnaires. Comme on comprenait bien maintenant ce beau surnom de « Ma conscience » que lui décernait le Palais, et où il tenait tout entier avec sa grande taille et ses gestes inflexibles. Dans les tribunes, l'enthousiasme s'exaltait encore. De jolies têtes se penchaient pour le voir, pour boire sa parole. Des approbations couraient, inclinant des bouquets de toutes nuances comme le vent dans la floraison d'un champ de blé. Une voix de femme criait d'un petit accent étranger : « Bravo... bravo... »

Et la mère ?

Debout, immobile, recueillie dans son désir de comprendre quelque chose à cette phraséologie de prétoire, à ces allusions mystérieuses, elle était là comme ces sourds-muets qui ne devinent ce qu'on dit devant eux qu'au mouvement des lèvres, à l'accent des physionomies. Or il lui suffisait de regarder son fils et Le Merquier pour comprendre quel mal l'un faisait à l'autre, quelles intentions perfides, empoisonnées, tombaient de ce long discours sur le malheureux qu'on aurait pu croire endormi. sans le tremblement de ses fortes épaules et les crispations de ses mains dans ses cheveux qu'elles fourrageaient furieusement tout en lui cachant le visage. Oh ! si de sa place elle avait pu lui crier : « N'aie pas peur, mon fils. S'ils te méprisent tous, ta mère t'aime. Viens-nous-en ensemble... Qu'est-ce que nous avons besoin d'eux? » Et un moment elle put croire que ce qu'elle lui disait ainsi dans le fond de son cœur arrivait jusqu'à lui par une intuition mystérieuse. Il venait de se lever, de secouer sa tête crépue, congestionnée, où la lippe enfantine de ses lèvres grelottait sous une nervosité de larmes. Mais, au lieu de quitter son banc, il s'y cramponnait au contraire, ses grosses mains pétrissant le bois du pupitre. L'autre avait fini, maintenant c'était son tour de répondre :

« Messieurs, dit-il... »

Il s'arrêta aussitôt, effrayé par le son rauque, affreusement sourd et vulgaire de sa voix, qu'il entendait pour la première fois en public. Il lui fallut, dans cette halte tourmentée de mouvements de la face, d'intonations cherchées et qui ne sortaient pas, reprendre la force de sa défense. Et si l'angoisse de ce pauvre homme était saisissante, la vieille mère, là-haut, penchée, haletante, remuant nerveusement les lèvres comme pour l'aider à chercher ses mots, lui renvoyait bien la mimique de sa torture. Quoiqu'il ne pût la voir, tourné comme il l'était par rapport à cette tribune qu'il évitait intentionnellement, ce souffle maternel, le magnétisme ardent de ces yeux noirs finirent par lui rendre la vie, et subitement sa parole et son geste se trouvèrent déliés :

« Avant tout, Messieurs, je déclare que je ne viens pas défendre mon élection... Si vous croyez que les mœurs électorales n'ont pas été toujours les mêmes en Corse, qu'on doive imputer toutes les irrégularités commises à l'influence corruptrice de mon or et non au tempérament inculte et passionné d'un peuple, repoussez-moi, ce sera justice et je n'en murmurerai pas. Mais il y a dans tout ceci autre chose que mon élection, des accusations qui attaquent mon honneur, le mettent directement en jeu, et c'est à cela seul que je veux répondre. » Sa voix s'assurait peu à peu, toujours cassée, voilée, mais avec des notes attendrissantes comme il s'en trouve dans ces organes dont la dureté primitive a subi quelques éraillures. Très vite il raconta sa vie, ses débuts, son départ pour l'Orient. On eût dit un de ces vieux récits du dix-huitième siècle où il est question de corsaires barbaresques courant les mers latines, de beys et de hardis Provençaux bruns comme des grillons, qui finissent toujours par épouser quelque sultane et « prendre le turban » selon l'ancienne expression des Marseillais. « Moi, disait le Nabab de son sourire bon enfant, je n'ai pas eu besoin de prendre le turban pour m'enrichir, je me suis contenté d'apporter en ces pays d'indolence et de lâcheztout l'activité, la souplesse d'un Français du Midi, et je suis arrivé à faire en quelques années une de ces fortunes qu'on ne fait que là-bas dans ces diables de pays chauds où tout est gigantesque, hâtif, disproportionné, où les fleurs poussent en une nuit, où un arbre produit une forêt. L'excuse de fortunes pareilles est dans la façon dont on les emploie, et j'ai la prétention de croire que jamais favori du sort n'a plus que moi essayé de se faire pardonner sa richesse. Je n'y ai pas réussi. » Oh ! non, il n'y avait pas réussi... Pour tant d'or follement semé, il n'avait rencontré que du mépris ou de la haine... De la haine ! Qui pouvait se vanter d'en avoir remué autant que lui, comme un gros bateau de la vase lorsque sa quille touche le fond... Il était trop riche, cela lui tenait lieu de tous les vices, de tous les crimes, le désignait à des vengeances anonymes, à des inimitiés cruelles et incessantes.

« Ah ! Messieurs, criait le pauvre Nabab en levant ses poings crispés, j'ai connu la misère, je me suis pris corps à corps avec elle, et c'est une atroce lutte, je vous jure. Mais lutter contre la richesse, défendre son bonheur, son honneur, son repos, mal abrités derrière des piles d'écus qui vous croulent dessus et vous écrasent, c'est quelque chose de plus hideux, de plus écœurant encore. Jamais, aux plus sombres jours de ma détresse, je n'ai eu les peines, les angoisses, les insomnies dont la fortune m'a accablé, cette horrible fortune que je hais et qui m'étouffe... On m'appelle le Nabab, dans Paris... Ce n'est pas le Nabab qu'il faudrait dire, mais le Paria, un paria social tendant les bras, tout grands, à une société qui ne veut pas de lui... »

Figées en récit, ces paroles peuvent paraître froides; mais là, devant l'Assemblée, la défense de cet homme paraissait empreinte d'une sincérité éloquente et grandiose qui étonna d'abord, venant de ce rustique, de ce parvenu, sans lecture, sans éducation, avec sa voix de marinier du Rhône et ses allures de portefaix, et qui émut ensuite singulièrement les auditeurs par ce qu'elle avait d'inculte, de sauvage, d'étranger à toute notion parlementaire. Déjà des marques de faveur avaient agité les gradins habitués à recevoir l'averse monotone et grise du langage administratif. Mais à ce cri de rage et de désespoir poussé contre la richesse par l'infortuné qu'elle enlaçait, roulait, noyait dans ses flots d'or et qui se débattait, appelant au secours du fond de son Pactole, toute la Chambre se dressa avec des applaudissements chaleureux, des mains tendues, comme pour donner au malheureux Nabab ces témoignages d'estime dont il se montrait si avide, et le sauver en même temps du naufrage. Jansoulet sentit cela et, réchauffé par cette sympathie, il reprit, la tête haute, le regard assuré :

« On est venu vous dire, Messieurs, que je n'étais pas digne de m'asseoir au milieu de vous. Et celui qui l'a dit était bien le dernier de qui j'aurais attendu cette parole, car lui seul connaît le secret douloureux de ma vie ; lui seul pouvait parler pour moi, me justifier et vous convaincre. Il n'a pas voulu le faire. Eh bien ! moi, je l'essaierai, quoiqu'il m'en coûte. Outrageusement calomnié devant tout le pays, je dois à moi-même, je dois à mes enfants cette justification publique et je me décide à la faire. »

Par un mouvement brusque, il se tourna alors vers la tribune où il savait que l'ennemi le guettait, et, tout à coup, s'arrêta plein d'épouvante. Là, juste en face de lui, derrière la petite tête haineuse et pâle de la baronne, sa mère, sa mère qu'il croyait à deux cents lieues du redoutable orage, le regardait, appuyée au mur, tendant vers lui son visage divin inondé de larmes, mais fier et rayonnant tout de même du grand succès de son Bernard. Car c'était un vrai succès d'émotion sincère, bien humaine, et que quelques mots de plus pouvaient changer en triomphe. « Parlez... parlez... » lui criait-on de tous les côtés de la Chambre, pour le rassurer, l'encourager. Mais Jansoulet ne parlait pas. Il avait bien peu à dire cependant pour sa défense : « La calomnie a confondu volontairement deux noms. Je m'appelle Bernard Jansoulet. L'autre s'appelait Jansoulet Louis. » Pas un mot de plus.

C'était trop en présence de sa mère ignorant toujours le déshonneur de l'aîné. C'était trop pour le respect, la solidarité familiale.

Il crut entendre la voix du vieux : « Je meurs de honte, mon enfant. » Est-ce qu'elle n'allait pas mourir de honte elle aussi, s'il parlait ?... Il eut vers le sourire maternel un regard sublime de renoncement, puis d'une voix sourde, d'un geste découragé :

« Excusez-moi, Messieurs, cette explication est décidément au-dessus de mes forces... Ordonnez une enquête sur ma vie, ouverte à tous et bien en lumière, hélas ! puisque chacun peut en interpréter tous les actes... Je vous jure que vous n'y trouverez rien qui m'empêche de siéger au milieu des représentants de mon pays. »

La stupeur, la désillusion furent immenses devant cette défaite qui semblait à tous l'effondrement subit d'une grande effronterie acculée. Il y eut un moment d'agitation sur les bancs, le tumulte d'un vote par assis et levé, que le Nabab sous le jour douteux du vitrage regarda vaguement, comme le condamné du haut de l'échafaud regarde la foule houleuse: puis, après cette attente longue d'un siècle qui précède une minute suprême, le président prononça dans le grand silence et le plus simplement du monde :

« L'élection de M. Bernard Jansoulet est annulée. »

Jamais vie d'homme ne fut tranchée avec moins de solennité ni de fracas.

Là-haut, dans sa tribune, la mère Jansoulet n'y comprit rien, sinon que des vides se faisaient tout autour sur les bancs, que des gens se levaient, s'en allaient. Bientôt il ne resta plus avec elle que le gros homme et la dame en chapeau blanc, penchés tout au bord de la rampe, regardant curieusement du côté de Bernard, qui semblait s'apprêter à partir lui aussi, car il serrait d'un air très calme d'épaisses liasses dans un grand portefeuille. Ses papiers rangés, il se leva, quitta sa place... Ah! ces existences d'estradiers ont parfois des passes bien cruelles. Gravement, lourdement, sous les regards de toute l'Assemblée, il lui fallut redescendre ces gradins qu'il avait escaladés au prix de tant de peines et d'argent, mais au bas desquels le précipitait une fatalité inexorable.

C'était cela que les Hemerlingue attendaient, suivant de l'œil jusqu'à sa dernière étape cette sortie navrante, humiliante, qui met au dos de l'invalidé un peu de la honte et de l'effarement d'un renvoi; puis sitôt le Nabab disparu, ils se regardèrent avec un rire silencieux et quittèrent la tribune, sans que la vieille femme eût osé leur demander quelque renseignement, avertie par son instinct de la sourde hostilité de ces deux êtres. Restée seule, elle prêta toute son attention à une nouvelle lecture qu'on faisait, persuadée qu'il s'agissait encore de son fils. On parlait d'élection, de scrutin, et la pauvre mère tendant sa coiffe rousse, fronçant son gros sourcil, aurait religieusement écouté jusqu'au bout le rapport de l'élection Sarigue, si l'huissier de service qui l'avait introduite, ne fût venu l'avertir que c'était fini, qu'elle ferait mieux de s'en aller. Elle parut très surprise.

« Vraiment?... c'est fini?... disait-elle, en se levant comme à regret. »

Et tout bas, timidement :

« Est-ce que... Est-ce qu'il a gagné? »

C'était si naïf, si touchant, que l'huissier n'eut pas même envie de rire.

« Malheureusement non, madame. M. Jansoulet n'a pas gagné... Mais aussi pourquoi s'est-il arrêté en si beau chemin... Si c'est vrai qu'il n'était jamais venu à Paris et qu'un autre Jansoulet a fait tout ce dont on l'accuse, pourquoi ne l'a-t-il pas dit? »

La vieille mère, devenue très pâle, s'appuya à la rampe de l'escalier.

Elle avait compris...

La brusque interruption de Bernard en la voyant, le sacrifice qu'il lui avait offert si simplement dans son beau regard de bête égorgée lui revenaient à l'esprit; du même coup la honte de l'Aîné, de l'enfant de prédilection, se confondait avec le désastre de celui-ci, douleur maternelle à double tranchant, dont elle se sentait déchirée de quelque côté qu'elle se retournât. Oui, oui, c'était à cause d'elle qu'il n'avait pas voulu parler. Mais elle n'accepterait pas un sacrifice pareil. Il fallait qu'il revînt tout de suite s'expliquer devant les députés.

« Mon fils? où est mon fils?

— En bas, madame, dans sa voiture. C'est lui qui m'a envoyé vous chercher. »

Elle s'élança devant l'huissier, marchant vite, parlant tout haut, bousculant sur son passage des petits hommes noirs et barbus qui gesticulaient dans les couloirs. Après la salle des Pas-Perdus, elle traversa une grande antichambre en rotonde où des laquais respectueusement rangés faisaient un soubassement vivant et chamarré à la haute muraille nue. De là on voyait, à travers les portes vitrées, la grille du dehors, la foule attroupée et parmi d'autres voitures le carrosse du Nabab qui attendait. La paysanne en passant reconnut dans un groupe son énorme voisin de tribune avec l'homme blême à lunettes qui avait tonné contre son fils et recevait pour son discours toutes sortes de félicitations et de poignées de mains. Au nom de Jansoulet, prononcé au milieu de ricanements moqueurs et satisfaits, elle ralentit ses grandes enjambées.

« Enfin, disait un joli garçon à la figure de mauvaise femme, il n'a toujours pas prouvé en quoi nos accusations étaient fausses. »

La vieille en entendant cela fit une trouée terrible dans le tas et, se posant en face de Moëssard :

« Ce qu'il n'a pas dit, moi je vais vous le dire. Je suis sa mère et c'est mon devoir de parler. »

Elle s'interrompit pour saisir à la manche Le Merquier qui s'esquivait :

« Vous d'abord, méchant homme, vous allez m'écouter... Qu'est-ce que vous avez contre mon enfant! Vous ne savez donc pas qui il est? Attendez un peu, que je vous l'apprenne. »

Et, se retournant vers le journaliste :

« J'avais deux fils, monsieur... »

Moëssard n'était plus là. Elle revint à Le Merquier :

« Deux fils, monsieur... »

Le Merquier avait disparu.

« Oh! écoutez-moi, quelqu'un, je vous en prie, disait la pauvre mère, jetant autour d'elle ses mains et ses paroles pour rassembler, retenir ses auditeurs; mais tous fuyaient, fondaient, se dispersaient, députés, reporters, visages inconnus et railleurs auxquels elle voulait raconter son histoire à toute force, sans souci de l'indifférence où tombaient ses douleurs et ses joies, ses fiertés et ses tendresses maternelles exprimées dans un charabias de génie. Et tandis qu'elle s'agitait, se débattait ainsi, éperdue, la coiffe en désordre, à la fois grotesque et sublime comme tous les êtres de nature en plein drame civilisé, prenant à témoin de l'honnêteté de son fils et de l'injustice des hommes jusqu'aux gens de livrée dont l'impassibilité dédaigneuse était plus cruelle que tout, Jansoulet, qui venait à sa rencontre, inquiet de ne pas la voir, apparut tout à coup à côté d'elle.

« Prenez mon bras, ma mère... Il ne faut pas rester là. »

Il dit cela très haut, d'un ton si calme et si ferme que tous les rires cessèrent, et que la vieille femme, subitement apaisée, soutenue par cette étreinte solide où s'appuyaient les derniers tremblements de sa colère, put sortir du palais entre deux haies respectueuses. Couple grandiose et rustique, les millions du fils illuminant la paysannerie de la mère comme ces haillons de sainte qu'entoure une châsse d'or, ils disparurent dans le beau soleil qu'il faisait dehors, dans la splendeur de leur carrosse étincelant, ironie féroce en présence de cette grande détresse, symbole frappant de l'épouvantable misère des riches.

Tous deux assis au fond, car ils craignaient d'être vus, ils ne se parlèrent pas d'abord. Mais dès que la voiture se fut mise en route, qu'il eut vu fuir derrière lui le triste calvaire où son honneur restait au gibet, Jansoulet, à bout de forces, posa sa tête contre l'épaule maternelle, la cacha dans un croisement du vieux châle vert, et là, laissant ruisseler des larmes brûlantes, tout son grand corps secoué par les sanglots, il retrouvait le cri de son enfance, sa plainte patoise de quand il était tout petit : « Mama... Mama... »

XXII

DRAMES PARISIENS

Que l'heure est donc brève
Qu'on passe en aimant!
C'est moins qu'un moment,
Un peu plus qu'un rêve...

DANS le demi-jour du grand salon en tenue d'été, rempli de fleurs, le lampas des meubles recouvert de housses blanches, lustres voilés, stores baissés, fenêtres ouvertes, madame Jenkins assise au piano déchiffre la mélodie nouvelle du musicien à la mode; quelques phrases sonores accompagnant des vers exquis, un lied mélancolique, inégalement coupé, qui semble écrit pour les tendres gravités de sa voix et l'état inquiet de son âme.

Le temps nous enlève
Notre enchantement

soupire la pauvre femme, s'émouvant au son de sa plainte; et, tandis que les notes s'envolent dans la cour de l'hôtel, calme à l'ordinaire, où la fontaine s'égoutte au milieu d'un massif de rhododendrons, la chanteuse s'interrompt, les mains tenant l'accord, ses yeux fixés sur la musique, mais son regard bien au delà... Le docteur est absent. Le soin de ses affaires, de sa santé l'a exilé de Paris pour quelques jours, et, comme il arrive dans la solitude, les pensées de la belle madame Jenkins ont pris ce tour grave, cette tendance analytique qui rend parfois les séparations momentanées fatales aux ménages les plus unis... Unis, depuis longtemps ils ne l'étaient plus. Ils ne se voyaient qu'aux heures des repas, devant les domestiques, se parlaient à peine, à moins que lui, l'homme des manières onctueuses, ne se laissât aller à quelque remarque brutale, désobligeante, à propos de son fils, de l'âge qui la touchait enfin, ou d'une toilette qui ne lui allait pas. Toujours sereine et douce, elle étouffait ses larmes, acceptait tout, feignait de ne pas comprendre;

non pas qu'elle l'aimât encore, après tant de cruautés et de mépris, mais c'était bien l'histoire, telle que la racontait leur cocher Joë, « d'un vieux crampon qui tenait à se faire épouser. » Jusque-là un terrible obstacle, la vie de la femme légitime, avait prolongé une situation déshonorante. Maintenant que l'obstacle n'existait plus, elle voulait finir cette comédie, à cause d'André qui d'un jour à l'autre pourrait être forcé de mépriser sa mère, à cause du monde qu'ils trompaient depuis dix ans, et où elle n'entrait jamais qu'avec des battements de cœur, appréhendant l'accueil qu'on lui ferait le lendemain d'une découverte. A ses allusions, à ses prières, Jenkins avait répondu d'abord par des phrases, de grands gestes : « Douteriez-vous de moi?... Est-ce que notre engagement n'est pas sacré ? »

Il alléguait aussi la difficulté de tenir secret un acte de cette importance. Ensuite il s'était renfermé dans un silence haineux, gros de colères froides et de violentes déterminations. La mort du duc, l'échec d'une vanité folle, avaient porté le dernier coup au ménage ; car le désastre, qui rapproche souvent les cœurs prêts à s'entendre, achève et complète les désunions. Et c'était un vrai désastre. La vogue des perles Jenkins subitement arrêtée, la situation du médecin étranger et charlatan très bien définie par le vieux Bouchereau dans le journal de l'Académie, les mondains se regardaient effarés, plus pâles encore de terreur que d'absorptions arsénicales, et déja l'Irlandais avait pu sentir l'effet de ces sautes de vent foudroyantes qui rendent les engouements parisiens si dangereux.

C'est pour cela sans doute que Jenkins avait jugé à propos de disparaître pendant quelque temps, laissant madame continuer à fréquenter les salons encore ouverts, afin de tâter et tenir en respect l'opinion. Rude tâche pour la pauvre femme, qui trouvait un peu partout l'accueil refroidi, à distance, qu'on lui avait fait chez les Hemerlingue. Mais elle ne se plaignait pas, comptant ainsi gagner le mariage, mettre entre elle et lui, en dernier recours, le lien douloureux de la pitié, des épreuves supportées en commun. Et comme elle savait que le monde la recherchait surtout à cause de son talent, de la distraction artistique qu'elle apportait aux réunions intimes, toujours prête à poser sur le piano ses gants longs, son éventail, pour préluder à quelque fragment de son riche répertoire, elle travaillait constamment, passait ses après-midi à feuilleter les nouveautés, s'attachant de préférence aux harmonies tristes et compliquées, à cette musique moderne qui ne se contente plus d'être un art, devient une science, répond bien plus à nos nervosités, à nos inquiétudes qu'au sentiment.

C'est moins qu'un moment,
Un peu plus qu'un rêve.
Le temps nous enlève
Notre enchantement...

... Un flot de lumière crue entra brusquement dans le salon avec la femme de chambre, qui apportait une carte à sa maîtresse : « Heurteux, homme d'affaires. »

Ce monsieur était là. Il insistait pour voir madame.

— Vous lui avez dit que le docteur est en voyage?

On le lui avait dit; mais c'est à madame qu'il voulait parler.

— A moi?...

Inquiète, elle examinait ce carton grossier, rugueux, ce nom inconnu et dur : « Heurteux. » Qu'est-ce que cela pouvait être?

— C'est bien, faites entrer.

Heurteux, homme d'affaires, arrivant du grand jour dans la demi-obscurité du salon, clignotait, l'air incertain, cherchait à voir. Elle, au contraire, distinguait très bien une figure en bois dur, favoris grisonnants, mâchoire avançante, un de ces maraudeurs de la Loi qu'on rencontre aux abords du Palais de Justice et qui semblent nés à cinquante ans, la bouche amère, l'air envieux, une serviette en maroquin sous le bras. Il s'assit au bord de la chaise qu'elle lui montrait, tourna la tête afin de s'assurer que la domestique était sortie, puis ouvrit méthodiquement sa serviette comme pour y chercher un papier. Voyant qu'il ne parlait pas, elle commença sur un ton d'impatience :

— Je dois vous prévenir, Monsieur, que mon mari est absent et que je ne suis au courant d'aucune de ses affaires.

Sans s'émouvoir, la main dans ses paperasses, l'homme répondit :

— Je sais d'autant mieux que M. Jenkins est absent, Madame, — il souligna très particulièrement ces deux mots : « monsieur Jenkins » — que je viens de sa part.

Elle le regarda épouvantée :

— De sa part?...

— Hélas! oui, Madame... La situation du docteur — vous le savez sans doute — est très embarrassée pour l'instant. De mauvaises opérations à la Bourse, le désarroi d'une grande entreprise financière dans laquelle il avait engagé des fonds, l'Œuvre de Béthléem si lourde pour lui seul, tous ces échecs réunis l'ont obligé à prendre une résolution héroïque. Il vend son hôtel, ses chevaux, tout ce qu'il possède, et m'a donné procuration pour cela... »

Il avait trouvé enfin ce qu'il cherchait, un de ces plis timbrés, criblé de renvois, de lignes en surcharges, où la loi impassible endosse parfois tant de lâchetés et de mensonges.

Madame Jenkins allait dire : « Mais j'étais là, moi. J'aurais accompli, servi toutes ses volontés, tous ses ordres..., » quand elle comprit subitement au sans-gêne du visiteur, à son attitude assurée, presque insolente, qu'on l'enveloppait elle aussi dans ce désarroi d'existence, dans ce débarras de l'hôtel coûteux, des richesses inutiles, et que son départ serait le signal de la vente.

Elle se leva brusquement. L'homme, toujours assis, continuait :

« Ce qu'il me reste à dire, Madame, — Oh ! elle le savait, elle l'aurait dicté ce qu'il lui restait à dire — est si pénible, si délicat... M. Jenkins quitte Paris pour longtemps, et dans la crainte de vous exposer aux hasards, aux aventures de la vie nouvelle qu'il entreprend, de vous éloigner d'un fils que vous chérissez, et dans l'intérêt duquel il vaut peut-être mieux... »

Elle ne l'entendait plus, ne le voyait plus, et pendant qu'il débitait ses phrases filandreuses, livrée au désespoir, peut-être à la folie, écoutait chanter en elle-même l'air obstiné qui la poursuivait dans cet écroulement effroyable, comme reste dans les yeux de l'homme qui se noie la dernière image entrevue :

Le temps nous enlève
Notre enchantement...

Tout d'un coup le sentiment de sa fierté lui revint.

« Finissons, monsieur. Tous vos détours et vos phrases ne sont qu'une injure de plus. La vérité c'est qu'on me chasse, qu'on me met dans la rue comme une servante.

— Oh! Madame, madame... la situation est assez cruelle, ne l'envenimons pas encore par des mots. Dans l'évolution de son *modus vivendi,* M. Jenkins se sépare de vous, mais il le fait la mort dans l'âme, et les propositions que je suis chargé de vous transmettre sont une preuve de ses sentiments pour vous... D'abord, en fait de mobilier et d'effets de toilette, je suis autorisé à vous laisser prendre...

— Assez, dit-elle. »

Elle se précipita vers la sonnette :

« Je sors... Vite mon chapeau, mon mantelet, n'importe quoi... je suis pressée. »

Et pendant qu'on allait lui chercher ce qu'elle demandait :

« Tout ce qui est ici appartient à M. Jenkins. Qu'il en dispose librement. Je ne veux rien de lui... n'insistez pas... c'est inutile. »

L'homme n'insista pas. Sa mission se trouvant remplie, le reste lui importait peu.

Posément, froidement, elle mit son chapeau avec soin devant la glace, la servante attachant le voile, ajustant aux épaules les plis du mantelet; ensuite elle regarda tout autour, chercha une seconde si elle n'oubliait rien de précieux. Non, rien, les lettres de son fils étaient dans sa poche; elle ne s'en séparait jamais.

« Madame ne veut pas qu'on attelle?

— Non. »

Et elle partit.

Il était environ cinq heures. A ce moment, Bernard Jansoulet passait la grille du Corps législatif, sa mère au bras; mais, si poignant que fût le drame qui se jouait là-bas, celui-ci le surpassait encore, plus subit, plus imprévu; sans la moindre solennité, le drame intime entre cuir et chair, comme Paris en improvise à toute heure du jour; et c'est peut-être ce qui donne à l'air qu'on y respire cette vibration, ce frémissement où s'activent les nerfs de tous. Le temps était magnifique. Les rues de ces riches quartiers, larges et droites comme des avenues, resplendissaient dans la lumière déjà un peu tombante, égayées de fenêtres ouvertes, de balcons fleuris, de verdures entrevues vers les boulevards, si légères, si frémissantes, entre les horizons droits et durs de la pierre. C'est de ce côté que descendait la marche pressée de madame Jenkins, se hâtant au hasard dans un étourdissement douloureux. Quelle chute horrible! Riche il y a cinq minutes, entourée de tout le respect et le confort d'une grande existence. Maintenant plus rien. Pas même un toit pour dormir, pas même de nom. La rue.

Où aller? Que devenir?

Elle avait d'abord pensé à son fils. Mais avouer sa faute, rougir en présence de l'enfant respectueux, pleurer devant lui en s'enlevant le droit d'être consolée, c'était au-dessus de ses forces... Non, il n'y avait plus pour elle que la mort... Mourir le plus tôt possible, échapper à la honte par une disparition complète, le dénoûment fatal des situations inextricables... Mais où mourir?... Comment?... Tant de façons de s'en aller ainsi!... Et mentalement elle les évoquait toutes en marchant. Autour d'elle la vie débordait, ce qui manque à Paris l'hiver, l'épanouissement en plein air de son luxe, de ses élégances visibles à cette heure du jour, à cette saison de l'année, autour de la Madeleine et de son marché aux fleurs, dans un espace délimité par le parfum des œillets et des roses. Sur le large trottoir où les toilettes s'étalaient, mêlaient leurs frôlements au frisson des arbres rafraîchis, il y avait un peu du plaisir de rencontre d'un salon, un air de connaissance entre les promeneurs, des sourires, de discrets bonjours en passant. Et tout à coup, madame Jenkins, s'inquiétant de l'altération de ses traits, de ce qu'on pourrait penser en la voyant courir ainsi aveugle et préoccupée, ralentissait sa marche à la flânerie d'une simple promenade, s'arrêtait à petits pas aux devantures. Les étalages colorés, vaporeux, parlaient tous de voyages, de campagne; traîne légère pour le sable fin des parcs, chapeaux enroulés de gaze contre le soleil des plages, éventails, ombrelles, aumônières. Ses yeux fixes s'attachaient à ces fanfreluches sans les voir; mais un reflet vague et pâli aux vitres claires lui montrait son image couchée, immobile sur un lit d'hôtel garni, le sommeil de plomb d'un soporifique dans la tête, ou là-bas, hors des murs, déplaçant la vase de quelque bateau amarré. Lequel valait mieux?

Elle hésitait, cherchait, comparait; puis, sa décision prise, partait enfin rapidement avec ce mouvement résolu de la femme qui s'arrache à regret aux tentations savantes de l'étalage. Comme elle s'élançait, le marquis de Monpavon, fringant et superbe, une fleur à la boutonnière, la saluait à distance de ce grand coup de chapeau si cher à la vanité des femmes, le chic suprême du salut dans la rue, la coiffure haut levée au-dessus de la tête très droite. Elle lui répondait par son gentil bonjour de Parisienne à peine exprimé dans une imperceptible inclinaison de la taille et du sourire des yeux; et jamais, à voir cet échange de politesses mondaines au milieu de la fête printanière, on ne se serait douté qu'une même pensée sinistre guidait ces deux marcheurs croisés par le hasard sur la route qu'ils poursuivaient en sens inverse, tout en allant au même but.

La prédiction du valet de chambre de Mora s'était réalisée pour le marquis : « Nous pouvons mourir, perdre le pouvoir, alors on vous demandera des comptes, et ce sera terrible. » C'était terrible. A grand'peine, l'ancien receveur général avait obtenu un délai extrême de quinze jours pour rembourser le Trésor, comptant comme dernière chance que Jansoulet validé, rentré dans ses millions, lui viendrait encore une fois en aide. La décision de l'Assemblée venait de lui enlever ce suprême espoir. Dès qu'il la connut, il revint au cercle très calme, monta dans sa chambre où Francis l'attendait dans une grande impatience pour lui remettre un papier important arrivé dans la journée. C'était une notification au sieur Louis-Marie-Agénor de Monpavon d'avoir à comparaître le lendemain dans le cabinet du juge d'instruction. Cela s'adressait-il au censeur de la *Caisse territoriale* ou à l'ancien receveur général en déficit ? En tout cas, la formule brutale de l'assignation judiciaire employée dès l'abord, au lieu d'une convocation discrète, disait assez la gravité de l'affaire et les fermes résolutions de la justice.

Devant une pareille extrémité attendue et prévue depuis longtemps, le parti du vieux beau était pris d'avance. Un Monpavon à la correctionnelle, un Monpavon, bibliothécaire à Mazas !... Jamais... Il mit en ordre toutes ses affaires, déchira des papiers, vida minutieusement ses poches dans lesquelles il glissa seulement quelques ingrédients pris sur sa table de toilette, tout cela avec tant de calme et de naturel que, lorsqu'en s'en allant, il dit à Francis : « M'en vas au bain... Diablesse de Chambre... Poussière infecte... » Le domestique le crut sur parole. Le marquis ne mentait pas, du reste. Cette émouvante et longue station debout là-haut dans la poussière de la tribune lui avait rompu les membres autant que deux nuits en vagon ; et sa décision de mourir s'associant à l'envie de prendre un bon bain, le vieux sybarite songeait à s'endormir dans une baignoire comme chose... machin... ps... ps... ps... et autres fameux personnages de l'antiquité. C'est une justice à lui rendre, que pas un de ces stoïques n'alla au-devant de la mort avec plus de tranquillité que lui.

Fleuri par-dessus sa rosette d'officier d'un camélia blanc dont le décorait en passant la jolie bouquetière du Cercle, il remontait d'un pas léger le boulevard des Capucines, quand la vue de madame Jenkins troubla pendant une minute sa sérénité. Il lui avait trouvé un air de jeunesse, une flamme aux yeux, quelque chose de si piquant, qu'il s'arrêta pour la regarder. Grande et belle, sa longue robe de gaze noire, déroulée, les épaules serrées dans une mantille de dentelle où le bouquet de son chapeau jetait une guirlande de feuillage d'automne, elle s'éloignait, disparaissait au milieu d'autres femmes non moins élégantes, dans une atmosphère embaumée; et la pensée que ses yeux allaient se fermer pour toujours à ce joli spectacle qu'il savourait en connaisseur, assombrit un peu l'ancien beau, ralentit l'élan de sa marche. Mais quelques pas plus loin, une rencontre d'un autre genre lui rendit tout son courage.

Quelqu'un de râpé, de honteux, d'ébloui par la lumière, traversait le boulevard; c'était le vieux Marestang, ancien sénateur, ancien ministre si gravement compromis dans l'affaire des *Tourteaux de Malte,* que, malgré son âge, ses services, le grand scandale d'un procès pareil, il avait été condamné à deux ans de prison, rayé des registres de la Légion d'honneur, où il comptait parmi les grands dignitaires. L'affaire déjà ancienne, le pauvre diable, gracié d'une partie de son temps, venait de sortir de prison, éperdu, dérouté, n'ayant pas même de quoi dorer sa détresse morale, car il avait fallu rendre gorge. Debout au bord du trottoir, il attendait la tête basse que la chaussée encombrée de voitures lui laissât un passage libre, embarrassé de cet arrêt au coin le plus hanté des boulevards, pris entre les piétons et ce flot d'équipages découverts, remplis de figures connues. Monpavon, passant près de lui, surprit ce regard timide, inquiet, implorant un salut et s'y dérobant à la fois. L'idée qu'il pourrait un jour s'humilier ainsi lui fit faire un haut-le-corps de révolte. « Allons donc!... Est-ce que c'est possible?... » Et, redressant sa taille, le plastron élargi, il continua sa route, plus ferme et résolu qu'avant.

M. de Monpavon marche à la mort. Il y va par cette longue ligne des boulevards tout en feu du côté de la Madeleine, et dont il foule encore une fois l'asphalte élastique, en museur, le nez levé, les mains au dos. Il a le temps, rien ne le presse, il est maître du rendez-vous. A chaque instant il sourit devant lui, envoie un petit bonjour protecteur du bout des doigts ou bien le grand coup de chapeau de tout à l'heure. Tout le ravit, le charme, le bruit des tonneaux d'arrosage, des stores relevés aux portes des cafés débordant jusqu'au milieu des trottoirs. La mort prochaine lui fait des sens de convalescent, accessibles à toutes les finesses, à toutes les poésies cachées d'une belle heure d'été sonnant en pleine vie parisienne, d'une belle heure qui sera sa dernière et qu'il voudrait prolonger jusqu'à la nuit. C'est pour cela sans doute qu'il dépasse le somptueux établissement où il prend son bain d'habitude; il ne s'arrête pas non plus aux Bains Chinois. On le connaît trop par ici. Tout Paris saurait son aventure le soir même. Ce serait dans les cercles, dans les salons un scandale de mauvais goût, beaucoup de bruit vilain autour de sa mort; et le vieux raffiné, l'homme de la tenue, voudrait s'épargner cette honte, plonger, s'engloutir dans le vague et l'anonymat d'un suicide, comme ces soldats qu'au lendemain des grandes batailles ni blessés, ni vivants, ni morts, on porte simplement disparus. Voilà pourquoi il a eu soin de ne rien garder sur lui de ce qui aurait pu le faire reconnaître, fournir un renseignement précis aux constatations policières, pourquoi il cherche dans cet immense Paris la zone éloignée et perdue où commencera pour lui la terrible mais rassurante confusion de la fosse commune. Déjà depuis que Monpavon est en route, l'aspect des boulevards a bien changé. La foule est devenue compacte, plus active et préoccupée, les maisons moins larges, sillonnées d'enseignes de commerce. Les portes Saint-Denis et Saint-Martin passées, sous lesquelles déborde à toute heure le trop-plein grouillant des faubourgs, la physionomie provinciale de la ville s'accentue. Le vieux beau n'y connaît plus personne et peut se vanter d'être inconnu de tous.

Les boutiquiers, qui le regardent curieusement, avec son linge étalé, sa redingote fine, la cambrure de sa taille, le prennent pour quelque fameux comédien exécutant avant le spectacle une petite promenade hygiénique sur l'ancien boulevard, témoin de ses premiers triomphes... Le vent fraîchit, le crépuscule estompe les lointains, et tandis que la longue voie continue à flamboyer dans ses détours déjà parcourus, elle s'assombrit maintenant à chaque pas. Ainsi le passé, quand son rayonnement arrive à celui qui regarde en arrière et regrette... Il semble à Monpavon qu'il entre dans la nuit. Il frissonne un peu, mais ne faiblit pas, et continue à marcher la tête droite et le jabot tendu.

M. de Monpavon marche à la mort. A présent, il pénètre dans le dédale compliqué des rues bruyantes où le fracas des omnibus se mêle aux mille métiers ronflants de la cité ouvrière, où se confond la chaleur des fumées d'usine avec la fièvre de tout un peuple se débattant contre la faim. L'air frémit, les ruisseaux fument, les maisons tremblent au passage des camions, des lourds haquets se heurtant au détour des chaussées étroites. Soudain le marquis s'arrête; il a trouvé ce qu'il voulait. Entre la boutique noire d'un charbonnier et l'établissement d'un emballeur dont les planches de sapin adossées aux murailles lui causent un petit frisson, s'ouvre une porte cochère surmontée de son enseigne, le mot BAINS sur une lanterne blafarde. Il entre, traverse un petit jardin moisi où pleure un jet d'eau dans la rocaille. Voilà bien le coin sinistre qu'il cherchait. Qui s'avisera jamais de croire que le marquis de Monpavon est venu se couper la gorge là ?... La maison est au bout, basse, des volets verts, une porte vitrée, ce faux air de villa qu'elles ont toutes... Il demande un bain, un fond de bain, enfile l'étroit couloir, et pendant qu'on prépare cela, le fracas de l'eau derrière lui, il fume son cigare à la fenêtre, regarde le parterre aux maigres lilas et le mur élevé qui le ferme.

A côté c'est une grande cour, la cour d'une caserne de pompiers avec un gymnase dont les montants, mâts et portiques, vaguement entrevus par le haut, ont des apparences de gibets. Un clairon sonne au sergent dans la cour. Et voilà que cette sonnerie ramène le marquis à trente ans en arrière, lui rappelle ses campagnes d'Algérie, les hauts remparts de Constantine, l'arrivée de Mora au régiment, et des duels, et des parties fines... Ah! comme la vie commençait bien. Quel dommage que ces sacrées cartes... Ps... ps... ps... Enfin, c'est déjà beau d'avoir sauvé la tenue.

« Monsieur, dit le garçon, votre bain est prêt. »

A ce moment, haletante et pâle, madame Jenkins entrait dans l'atelier d'André où l'amenait un instinct plus fort que sa volonté, le besoin d'embrasser son enfant avant de mourir. La porte ouverte, — il lui avait donné une double clef, — elle eut pourtant un soulagement de voir qu'il n'était pas rentré, qu'elle aurait le temps de calmer son émotion augmentée d'une longue marche inusitée à ses nonchalances de femme riche. Personne. Mais sur la table ce petit mot qu'il laissait toujours en sortant, pour que sa mère, dont les visites devenaient de plus en plus rares et courtes à cause de la tyrannie de Jenkins, pût savoir où il était, l'attendre facilement ou le rejoindre. Ces deux êtres n'avaient cessé de s'aimer tendrement, profondément, malgré les cruautés de la vie qui les obligeaient à introduire dans leurs rapports de mère à fils les précautions, le mystère clandestin d'un autre amour.

« Je suis à ma répétition, disait aujourd'hui le petit mot, je rentrerai vers sept heures. »

Cette attention de son enfant qu'elle n'était pas venue voir depuis trois semaines, et qui persistait quand même à l'attendre, fit monter aux yeux de la mère le flot de larmes qui l'étouffait. On eût dit qu'elle venait d'entrer dans un monde nouveau. C'était si clair, si calme, si élevé, cette petite pièce qui gardait la dernière lueur du jour sur son vitrage, flambait des rayons du soleil déjà sombré, semblait comme toutes les mansardes taillée dans un pan de ciel avec ses murs nus, ornés seulement d'un grand portrait, le sien, rien que le sien souriant à la place d'honneur, et encore là-bas sur la table dans un cadre doré. Oui, véritablement, l'humble petit logis, qui retenait tant de clarté quand tout Paris devenait noir, lui faisait une impression surnaturelle, malgré la pauvreté de ses meubles restreints, éparpillés dans deux pièces, sa perse commune, et sa cheminée garnie de deux gros bouquets de jacinthes, de ces fleurs qu'on traîne le matin dans les rues, à pleines charrettes. La belle vie vaillante et digne qu'elle aurait pu mener là près de son André! Et en une minute, avec la rapidité du rêve, elle installait son lit dans un coin, son piano dans l'autre, se voyait donnant des leçons, soignant l'intérieur où elle apportait sa part d'aisance et de gaieté courageuse. Comment n'avait-elle pas compris que là eût été son devoir, la fierté de son veuvage? Par quel aveuglement, quelle faiblesse indigne?...

Grande faute sans doute, mais qui aurait pu trouver bien des atténuations dans sa nature facile et tendre, et l'adresse, la fourberie de son complice parlant tout le temps de mariage, lui laissant ignorer que lui-même n'était plus libre, et lorsqu'enfin il fut obligé d'avouer, faisant un tel tableau de sa vie sans lumière, de son désespoir, de son amour, que la pauvre créature engagée déjà si gravement aux yeux du monde, incapable d'un de ces efforts héroïques qui vous mettent au-dessus des situations fausses, avait fini par céder, par accepter cette double existence, si brillante et si misérable, reposant toute sur un mensonge qui avait duré dix ans. Dix ans d'enivrants succès et d'inquiétudes indicibles, dix ans où elle avait chanté avec chaque fois la peur d'être trahie entre deux couplets, où le moindre mot sur les ménages irréguliers la blessait comme une allusion, où l'expression de sa figure s'était amollie jusqu'à cet air d'humilité douce, de coupable demandant grâce. Ensuite la certitude d'être abandonnée lui avait gâté même ces joies d'emprunt, fané son luxe; et que d'angoisses, que de souffrances silencieusement subies, d'humiliations incessantes jusqu'à la dernière, la plus épouvantable de toutes!

Tandis qu'elle repasse ainsi douloureusement sa vie dans la fraîcheur du soir et le calme de la maison déserte, des rires sonores, un entrain de jeunesse heureuse montent de l'étage au-dessous; et se rappelant les confidences d'André, sa dernière lettre où il lui annonçait la grande nouvelle, elle cherche à distinguer parmi toutes ces voix limpides et neuves celle de sa fille Élise, cette fiancée de son fils qu'elle ne connaît pas, qu'elle ne doit jamais connaître. Cette pensée, qui achève de déshériter la mère, ajoute au désastre de ses derniers instants, les comble de tant de remords et de regrets que, malgré son vouloir d'être courageuse, elle pleure, elle pleure.

La nuit vient peu à peu. De larges taches d'ombre plaquent les vitres inclinées où le ciel immense en profondeur se décolore, semble fuir dans de l'obscur. Les toits se massent pour la nuit comme les soldats pour l'attaque. Gravement, les clochers se renvoient l'heure, pendant que les hirondelles tournoient aux environs d'un nid caché et que le vent fait son invasion ordinaire dans les décombres du vieux chantier. Ce soir, il souffle avec des plaintes de flot, un frisson de brume, il souffle de la rivière, comme pour rappeler à la malheureuse femme que c'est là-bas qu'il va falloir aller... Sous sa mantille de dentelle, oh! elle en grelotte d'avance... Pourquoi est-elle venue ici reprendre goût à la vie impossible après l'aveu qu'elle serait forcée de faire?... Des pas rapides ébranlent l'escalier, la porte s'ouvre précipitamment, c'est André. Il chante, il est content, très pressé surtout, car on l'attend pour dîner chez les Joyeuse. Vite, un peu de lumière, que l'amoureux se fasse beau. Mais, tout en frottant les allumettes, il devine quelqu'un dans l'atelier, une ombre remuante parmi les ombres immobiles.

« Qui est là? »

Quelque chose lui répond, comme un rire étouffé ou un sanglot. Il croit que ce sont ses petites voisines, une invention des « enfants » pour s'amuser. Il s'approche. Deux mains, deux bras le serrent, l'enlacent.

« C'est moi... »

Et d'une voix fiévreuse, qui se hâte pour s'assurer, elle lui raconte qu'elle part pour un voyage assez long, et, qu'avant de partir...

« Un voyage... Et où donc vas-tu?

— Oh! je ne sais pas... Nous allons là-bas, très loin pour des affaires qu'il a dans son pays.

— Comment! tu ne seras pas là pour ma pièce? C'est dans trois jours... Et puis, tout de suite après, le mariage.... Voyons, il ne peut pas t'empêcher d'assister à mon mariage. »

Elle s'excuse, imagine des raisons, mais ses mains brûlantes dans celles de son fils, sa voix toute changée, font comprendre à André qu'elle ne dit pas la vérité. Il veut allumer, elle l'en empêche :

« Non, non, c'est inutile. On est mieux ainsi... D'ailleurs, j'ai tant de préparatifs encore; il faut que je m'en aille. »

Ils sont debout tous deux, prêts pour la séparation; mais André ne la laissera pas partir sans lui faire avouer ce qu'elle a, quel souci tragique creuse ce beau visage où les yeux, — est-ce un effet du crépuscule? — reluisent d'un éclat farouche.

« Rien... non, rien; je t'assure... Seulement l'idée de ne pouvoir prendre ma part de tes bonheurs, de tes triomphes... Enfin, tu sais que je t'aime, tu ne doutes pas de ta mère, n'est-ce pas ? Je ne suis jamais restée un jour sans penser à toi... Fais-en autant, garde-moi ton cœur... Et maintenant embrasse-moi que je m'en aille vite... J'ai trop tardé. »

Une minute encore, elle n'aurait plus la force de ce qui lui reste à accomplir. Elle s'élance.

« Eh bien, non, tu ne sortiras pas... Je sens qu'il se passe dans ta vie quelque chose d'extraordinaire que tu ne veux pas dire... Tu as un grand chagrin, je suis sûr. Cet homme t'aura fait quelque infamie...

— Non, non... laisse-moi aller... laisse-moi aller. »

Mais il la retient au contraire, il la retient fortement.

« Voyons, qu'est-ce qu'il y a ?... Dis... dis... »

Puis tout bas, à l'oreille, la parole tendre, appuyée et sourde comme un baiser :

« Il t'a quittée, n'est-ce pas ? »

La malheureuse tressaille, se débat.

« Ne me demande rien... je ne veux rien dire... adieu. »

Et lui, la pressant contre son cœur :

« Que pourrais-tu me dire que je ne sache déjà, pauvre mère ?... Tu n'as donc pas compris pourquoi je suis parti, il y a six mois...

— Tu sais ?...

— Tout... Et ce qui t'arrive aujourd'hui, voilà longtemps que je le pressens, que je le souhaite...

— Oh! malheureuse, malheureuse, pourquoi suis-je venue?

— Parce que c'est ta place, parce que tu me dois dix ans de ma mère... Tu vois bien qu'il faut que je te garde. »

Il lui dit cela à genoux devant le divan où elle s'est laissée tomber dans un débordement de larmes et les derniers cris douloureux de son orgueil blessé. Longtemps elle pleure ainsi, son enfant à ses pieds. Et voici que les Joyeuse, inquiets de ne pas voir André descendre, montent le chercher en troupe. C'est une invasion de visages ingénus, de gaietés limpides, boucles flottantes, modestes parures, et sur tout le groupe rayonne la grosse lampe, la bonne vieille lampe au vaste abat-jour, que M. Joyeuse porte solennellement, aussi haut, aussi droit qu'il peut avec un geste de canéphore. Ils s'arrêtent interdits devant cette dame pâle et triste qui regarde, très émue, toute cette grâce souriante, surtout Élise un peu en arrière des autres et que son attitude gênée dans cette indiscrète visite désigne comme la fiancée.

« Élise, embrassez notre mère et remerciez-la. Elle vient demeurer avec ses enfants. »

La voilà serrée dans tous ces bras caressants, contre quatre petits cœurs féminins à qui manque depuis longtemps l'appui de la mère, la voilà introduite et si doucement sous le cercle lumineux de la lampe familiale, un peu élargi pour qu'elle puisse y prendre sa place, sécher ses yeux, réchauffer, éclairer son esprit à cette flamme robuste qui monte dans un vacillement, même dans ce petit atelier d'artiste près des toits, où soufflaient si fort tout à l'heure des tempêtes sinistres qu'il faut oublier.

Celui qui râle là-bas, effondré dans sa baignoire sanglante, ne l'a jamais connue, cette flamme sacrée. Égoïste et dur, il a jusqu'à la fin vécu pour la montre, gonflant son plastron tout en surface d'une enflure de vanité. Encore cette vanité était ce qu'il y avait de meilleur en lui. C'est elle qui l'a tenu crâne et debout si longtemps, elle qui lui serre les dents sur les hoquets de son agonie. Dans le jardin moisi, le jet d'eau tristement s'égoutte. Le clairon des pompiers sonne le couvre-feu... « Allez donc voir au 7, dit la maîtresse, il n'en finit plus avec son bain. » Le garçon monte et pousse un cri d'effroi, de stupeur : « Oh ! madame, il est mort... mais ce n'est plus le même... » On accourt, et personne, en effet, ne veut reconnaître le beau gentilhomme qui est entré tout à l'heure, dans cette espèce de poupée macabre, la tête pendant au bord de la baignoire, un teint où le fard étalé se mêle au sang qui le délaie, tous les membres jetés dans une lassitude suprême du rôle joué jusqu'au bout, jusqu'à tuer le comédien. Deux coups de rasoir en travers du magnifique plastron inflexible, et toute sa majesté factice s'est dégonflée, s'est résolue dans cette horreur sans nom, ce tas de boue, de sang, de chairs maquillées et cadavériques où gît méconnaissable l'homme de la tenue, le marquis Louis-Marie-Agénor de Monpavon.

XXIII

MÉMOIRES D'UN GARÇON DE BUREAU. — DERNIERS FEUILLETS

Je consigne ici, à la hâte et d'une plume bien agitée, les événements effroyables dont je suis le jouet depuis quelques jours. Cette fois, c'en est fait de la *Territoriale* et de tous mes songes ambitieux... Protêts, saisies, descentes de la police, tous nos livres chez le juge d'instruction, le gouverneur en fuite, notre conseil Bois-l'Héry à Mazas, notre conseil Monpavon disparu. Ma tête s'égare au milieu de ces catastrophes... Et dire que, si j'avais suivi les avertissements de la sage raison, je serais depuis six mois bien tranquille à Montbars en train de cultiver ma petite vigne, sans autre souci que de voir les grappes s'arrondir et se dorer au bon soleil bourguignon, et de ramasser sur les ceps, après l'ondée, ces petits escargots gris excellents en fricassée. Avec le fruit de mes économies, je me serais fait bâtir au bout du clos, sur la hauteur, à un endroit que je vois d'ici, un belvédère en pierres sèches comme celui de M. Chalmette, si commode pour les siestes d'après-midi, pendant que les cailles chantent tout autour dans le vignoble. Mais non. Sans cesse égaré par des illusions décevantes, j'ai voulu m'enrichir, spéculer, tenter les grands coups de banque, enchaîner ma fortune au char des triomphateurs du jour; et maintenant me voilà revenu aux plus tristes pages de mon histoire, garçon de bureau d'un comptoir en déroute, chargé de répondre à une horde de créanciers, d'actionnaires ivres de fureur, qui accablent mes cheveux blancs des pires outrages, voudraient me rendre responsable de la ruine du Nabab et de la fuite du gouverneur. Comme si je n'étais pas moi aussi cruellement frappé avec mes quatre ans d'arriéré que je perds encore une fois, et mes sept mille francs d'avances, tout ce que j'avais confié à ce scélérat de Paganetti de Porto-Vecchio.

Mais il était écrit que je viderais la coupe des humiliations et des déboires jusqu'à la lie. Ne m'ont-ils pas fait comparoir devant le juge d'instruction, moi, Passajon, ancien appariteur de Faculté, trente ans de loyaux services, le ruban d'officier d'Académie... Oh! quand je me suis vu montant cet escalier du Palais de Justice, si grand, si large, sans rampe pour se retenir, j'ai senti ma tête qui tournait et mes jambes s'en aller sous moi. C'est là que j'ai pu réfléchir, en traversant ces salles noires d'avocats et de juges, coupées de grandes portes vertes derrière lesquelles s'entend le tapage imposant des audiences; et là-haut, dans le corridor des juges d'instruction, pendant mon attente d'une heure sur un banc où j'avais de la vermine de prison qui me grimpait aux jambes, tandis que j'écoutais un tas de bandits, filous, filles en bonnet de Saint-Lazare, causer et rire avec des gardes de Paris, et les crosses de fusil retentir dans les couloirs, et le roulement sourd des voitures cellulaires. J'ai compris alors le danger des *combinazione*, et qu'il ne faisait pas toujours bon de se moquer de M. Gogo.

Ce qui me rassurait pourtant, c'est que, n'ayant jamais pris part aux délibérations de la *Territoriale*, je ne suis pour rien dans les trafics et les tripotages. Mais expliquez cela. Une fois dans le cabinet du juge, en face de cet homme en calotte de velours, qui me regardait de l'autre côté de la table avec ses petits yeux à crochets, je me suis senti tellement pénétré, fouillé, retourné jusqu'au fin fond des fonds, que, malgré mon innocence, eh bien! j'avais envie d'avouer. Avouer, quoi? je n'en sais rien. Mais c'est l'effet que cause la justice. Ce diable d'homme resta bien cinq minutes entières à me fixer sans parler, tout en feuilletant un cahier surchargé d'une grosse écriture qui ne m'était pas inconnue, et brusquement il me dit, sur un ton à la fois narquois et sévère :

« Eh bien! monsieur Passajon... Y a-t-il longtemps que nous n'avons pas fait le coup du camionneur? »

Le souvenir de certain petit méfait, dont j'avais pris ma part en des jours de détresse, était déjà si loin de moi, que je ne comprenais pas d'abord; mais quelques mots du juge me prouvèrent combien il était au courant de l'histoire de notre banque. Cet homme terrible savait tout, jusqu'aux moindres détails, jusqu'aux choses les plus secrètes.

Qui donc avait pu si bien l'informer?

Avec cela, très bref, très sec, et quand je voulais essayer d'éclairer la justice de quelques observations sagaces, une certaine façon insolente de me dire : « Ne faites pas de phrases, » d'autant plus blessante à entendre, à mon âge, avec ma réputation de beau diseur, que nous n'étions pas seuls dans son cabinet. Un greffier assis près de moi écrivait ma déposition, et derrière, j'entendais le bruit de gros feuillets qu'on retournait. Le juge m'adressa toutes sortes de questions sur le Nabab, l'époque à laquelle il avait fait ses versements, l'endroit où nous tenions nos livres, et tout à coup, s'adressant à la personne que je ne voyais pas :

« Montrez-nous le livre de caisse, monsieur l'expert. »

Un petit homme en cravate blanche apporta le grand registre sur la table. C'était M. Joyeuse, l'ancien caissier d'Hemerlingue et fils. Mais je n'eus pas le temps de lui présenter mon hommage.

« Qui a fait ça? me demanda le juge en ouvrant le grand-livre à l'endroit d'une page arrachée... Ne mentez pas, voyons. »

Je ne mentais pas, je n'en savais rien, ne m'occupant jamais des écritures. Pourtant je crus devoir signaler M. de Géry, le secrétaire du Nabab, qui venait souvent le soir dans nos bureaux et s'enfermait tout seul pendant des heures à la comptabilité. Là-dessus, le petit père Joyeuse s'est fâché tout rouge :

« On vous dit là une absurdité, monsieur le juge d'instruction... M. de Géry est le jeune homme dont je vous ai parlé... Il venait à la *Territoriale* en simple surveillant et portait trop d'intérêt à ce pauvre M. Jansoulet pour faire disparaître les reçus de ses versements, la preuve de son aveugle, mais parfaite honnêteté... Du reste, M. de Géry, longtemps retenu à Tunis, est en route pour revenir, et pourra fournir, avant peu, toutes les explications nécessaires. »

Je sentis que mon zèle allait me compromettre.

« Prenez garde, Passajon, me dit le juge très sévèrement... Vous n'êtes ici que comme témoin ; mais si vous essayez d'égarer l'instruction, vous pourriez bien y revenir en prévenu... (Il avait vraiment l'air de le désirer, ce monstre d'homme !...) Allons, cherchez, qui a déchiré cette page ? »

Alors, je me rappelai fort à propos que, quelques jours avant de quitter Paris, notre gouverneur m'avait fait apporter les livres à son domicile, où ils étaient restés jusqu'au lendemain. Le greffier prit note de ma déclaration, après quoi le juge me congédia d'un signe, en m'avertissant d'avoir à me tenir à sa disposition. Puis, sur la porte, il me rappela :

« Tenez, monsieur Passajon, remportez ceci. Je n'en ai plus besoin. »

Il me tendait les papiers qu'il consultait, tout en m'interrogeant ; et qu'on juge de ma confusion, quand j'aperçus sur la couverture le mot « Mémoires » écrit de ma plus belle ronde. Je venais de fournir moi-même des armes à la justice, des renseignements précieux que la précipitation de notre catastrophe m'avait empêché de soustraire à la rafle policière exécutée dans nos bureaux.

Mon premier mouvement, en rentrant chez nous, fut de mettre en morceaux ces indiscrètes paperasses; puis, réflexion faite, après m'être assuré qu'il n'y avait dans ces *Mémoires* rien de compromettant pour moi, au lieu de les détruire, je me suis décidé à les continuer, avec la certitude d'en tirer parti un jour ou l'autre. Il ne manque pas à Paris de faiseurs de romans sans imagination, qui ne savent mettre que des histoires vraies dans leurs livres, et qui ne seront pas fâchés de m'acheter un petit cahier de renseignements. Ce sera ma façon de me venger de cette société de haute flibuste où je me suis trouvé mêlé pour ma honte et pour mon malheur.

Du reste, il faut bien que j'occupe mes loisirs. Rien à faire au bureau, complètement désert depuis les investigations de la justice, que d'empiler des assignations de toutes couleurs. J'ai repris les écritures de la cuisinière du second, mademoiselle Séraphine, dont j'accepte en retour quelques petites provisions que je conserve dans le coffre-fort, revenu à l'emploi de garde-manger. La femme du gouverneur est aussi très bonne pour moi et bourre mes poches à chaque fois que je vais la voir dans son grand appartement de la Chaussée d'Antin. De ce côté, rien n'est changé. Même luxe, même confort; en plus un petit bébé de trois mois, le septième, et une superbe nourrice, dont le bonnet cauchois fait merveille aux promenades du bois de Boulogne. Il faut croire qu'une fois lancés sur les rails de la fortune, les gens ont besoin d'un certain temps pour ralentir leur vitesse ou s'arrêter tout à fait. D'ailleurs, ce bandit de Paganetti, en prévision d'un accident, avait tout mis au nom de sa femme. C'est peut-être pourquoi cette charabias d'Italienne lui a voué une admiration que rien ne peut entamer. Il est en fuite, il se cache; mais elle reste convaincue que son mari est un petit saint Jean d'innocence, victime de sa bonté, de sa crédulité. Il faut l'entendre : « Vous le connaissez, vous, moussiou Passajon. Vous savez s'il est escroupouleux... Ma, aussi vrai qu'il y a oun Dieu, si mon mari avait commis des malhonnêtetés comme on l'accuse, moi-même, vous m'entendez, moi-même, j'y aurais mis oune scopette dans les mains et j'y aurais dit : « Té! Tcheccofais-toi peter la tête!... » Et à la façon dont elle ouvre son petit nez retroussé, ses yeux noirs et ronds comme deux boules de jais, on sent bien que cette petite Corse de l'Ile-Rousse l'aurait fait ainsi qu'elle le dit. Faut-il qu'il soit adroit tout de même, ce damné gouverneur, pour duper jusqu'à sa femme, jouer la comédie chez lui, là où les plus habiles se laissent voir tels qu'ils sont!

En attendant, tout ce monde-là fricote de

bons dîners, Bois-l'Héry à Mazas se fait porter à manger du café Anglais, et l'oncle Passajon en est réduit à vivre de ratas ramassés dans les cuisines. Enfin ne nous plaignons pas trop. Il y en a encore de plus malheureux que nous, à preuve M. Francis que j'ai vu entrer ce matin à la *Territoriale*, maigre, pâli, du linge déshonorant, des manchettes fripées qu'il étire encore par habitude.

J'étais justement en train de faire griller un bon morceau de lard devant la cheminée de la salle du conseil, mon couvert mis sur un coin de table en marqueterie, avec un journal étendu pour ne pas salir. J'invitai le valet de chambre de Monpavon à partager ma frugale collation ; mais, pour avoir servi un marquis, celui-là se figure faire partie de la noblesse, et il m'a remercié d'un air digne qui donnait à rire en voyant ses joues creusées. Il commença par me dire qu'il était toujours sans nouvelles de son maître, qu'on l'avait renvoyé du cercle de la rue Royale, tous les papiers sous scellés et des tas de créanciers en pluie de sauterelles sur la mince défroque du marquis. « De sorte que je me trouve un peu à court, » ajoutait M. Francis. C'est-à-dire qu'il n'avait plus un radis en poche, qu'il couchait depuis deux jours sur les bancs du boulevard, réveillé à chaque instant par les sergents de ville, obligé de se lever, de faire l'homme en ribote, pour regagner un autre abri. Quant à ce qui est de manger, je crois bien que cela ne lui était pas arrivé de longtemps, car il regardait la nourriture avec des yeux affamés qui faisaient peine, et lorsque j'eus mis de force devant lui une grillade de lard et un verre de vin, il tomba dessus comme un loup. Tout de suite le sang lui vint aux pommettes, et tout en dévorant il se mit à bavarder, à bavarder...

— Vous savez, père Passajon, me dit-il entre deux bouchées, je sais où il est... je l'ai vu...

Il clignait de l'œil malignement. Moi, je le regardais, très étonné.

— Qui donc ça avez-vous vu, monsieur Francis?

— Le marquis, mon maître... là-bas, dans la petite maison blanche, derrière Notre-Dame. (Il ne disait pas la Morgue, parce que c'est un trop vilain mot). J'étais bien sûr que je le trouverais là. J'y suis allé tout droit, le lendemain. Il y était. Oh! mais bien caché, je vous réponds. Il fallait son valet de chambre pour le reconnaître. Les cheveux tout gris, les dents absentes, et ses vraies rides, ses soixante-cinq ans qu'il arrangeait si bien. Sur cette dalle de marbre, avec le robinet qui dégoulinait dessus, j'ai cru le voir devant sa table de toilette.

— Et vous n'avez rien dit?

— Non. Je savais ses intentions à ce sujet, depuis longtemps... Je l'ai laissé s'en aller discrètement, à l'anglaise, comme il voulait. C'est égal! il aurait bien dû me donner un morceau de pain avant de partir, moi qui l'ai servi pendant vingt ans.

Et tout à coup, frappant de son poing sur la table, avec rage :

— Quand je pense que, si j'avais voulu, j'aurais pu, au lieu d'aller chez Monpavon, entrer chez Mora, avoir la place de Louis... Est-il veinard, celui-là! En a-t-il rousti des rouleaux de mille à la mort de son duc!... Et la défroque, des chemises par centaines, une robe de chambre en renard bleu qui valait plus de vingt mille francs... C'est comme ce Noël, c'est lui qui a dû faire un sac! En se pressant, parbleu, car il savait que ça finirait tôt. Maintenant, plus moyen de gratter, place Vendôme. Un vieux gendarme de mère qui mène tout. On vend Saint-Romans, on vend les tableaux. La moitié de l'hôtel en location. C'est la débâcle. »

J'avoue que je ne pus m'empêcher de montrer ma satisfaction; car enfin ce misérable Jansoulet est cause de tous nos malheurs. Un homme qui se vantait d'être si riche, qui le disait partout. Le public s'amorçait là-dessus, comme le poisson qui voit luire des écailles dans une nasse... Il a perdu des millions, je veux bien; mais pourquoi laissait-il croire qu'il en avait d'autres?... Ils ont arrêté Bois-l'Héry;

c'est lui qu'il fallait arrêter plutôt... Ah! si nous avions eu un autre expert, je suis sûr que ce serait déjà fait... Du reste, comme je le disais à Francis, il n'y a qu'à voir ce parvenu de Jansoulet pour se rendre compte de ce qu'il vaut. Quelle tête de bandit orgueilleux!

— Et si commun, ajouta l'ancien valet de chambre.

— Pas la moindre moralité.

— Un manque absolu de tenue... Enfin, le voilà à la mer, et puis Jenkins aussi, et bien d'autres avec eux.

— Comment! le docteur aussi?... Ah! tant pis... Un homme si poli, si aimable...

— Oui, encore un qu'on déménage... Chevaux, voitures, mobilier... C'est plein d'affiches dans la cour de l'hôtel, qui sonne le vide comme si la mort y avait passé... Le château de Nanterre est mis en vente. Il restait une demi-douzaine de « petits Bethléem » qu'on a emballés dans un fiacre... C'est la débâcle, je vous dis, père Passajon, une débâcle dont nous ne verrons peut-être pas la fin, vieux tous deux comme nous sommes, mais qui sera complète... Tout est pourri; il faut que tout crève! »

Il était sinistre à voir ce vieux larbin de l'Empire, maigre, échiné, couvert de boue, et criant comme Jérémie : « C'est la débâcle! » avec une bouche sans dents, toute noire et large ouverte. J'avais peur et honte devant lui, grand désir de le voir dehors; et dans moi-même je pensais : « O M. Chalmette... ô ma petite vigne de Montbars... »

Même date. — Grande nouvelle. Madame Paganetti est venue cette après-midi m'apporter mystérieusement une lettre du gouverneur. Il est à Londres, en train d'installer une magnifique affaire. Bureaux splendides dans le plus beau quartier de la ville; commandite superbe. Il m'offre de venir le rejoindre, « heureux, dit-il, de réparer ainsi le dommage qui m'a été fait. » J'aurai le double de mes appointements à la *Territoriale*, logé, chauffé, cinq actions du nouveau comptoir, et remboursement intégral de mon arriéré. Une petite avance à faire seulement, pour l'argent du voyage et quelques dettes criardes dans le quartier. Vive la joie! ma fortune est assurée. J'écris au notaire de Montbars de prendre hypothèque sur ma vigne...

XXIV

A BORDIGHERA

Comme l'avait dit M. Joyeuse chez le juge d'instruction, Paul de Géry revenait de Tunis après trois semaines d'absence. Trois interminables semaines passées à se débattre au milieu d'intrigues, de trames ourdies sournoisement par la haine puissante des Hemerlingue, a errer de salle en salle, de ministère en ministère, à travers cette immense résidence du Bardo qui réunit dans la même enceinte farouche hérissée de couleuvrines tous les services de l'État, placés sous la surveillance du maître comme ses écuries et son harem. Dès son arrivée là-bas, Paul avait appris que la chambre de justice commençait à instruire secrètement le procès de Jansoulet, procès dérisoire, perdu par avance; et les comptoirs du Nabab fermés sur le quai de la Marine, les scellés apposés sur ses coffres, ses navires solidement amarrés à la Goulette, une garde de *chaouchs* autour de ses palais annonçaient déjà une sorte de mort civile, de succession ouverte dont il ne resterait plus bientôt qu'à se partager les dépouilles.

Pas un défenseur, pas un ami dans cette meute vorace; la colonie franque elle-même paraissait satisfaite de la chute d'un courtisan qui avait si longtemps obstrué en les occupant tous les chemins de la faveur. Essayer d'arracher au bey cette proie, à moins d'un triomphe éclatant devant l'Assemblée, il n'y fallait pas songer. Tout ce que de Géry pouvait espérer, c'était de sauver quelques épaves, et encore en se hâtant, car il s'attendait un jour ou l'autre à apprendre l'échec complet de son ami.

Il se mit donc en campagne, précipita ses démarches avec une activité que rien ne découragea, ni le patelinage oriental, cette politesse raffinée et doucereuse sous laquelle se dissimulent la férocité, la dissolution des mœurs, ni les sourires béatement indifférents, ni ces airs penchés, ces bras en croix invoquant le fatalisme divin quand le mensonge humain fait défaut. Le sang-froid de ce petit Méridional refroidi, en qui se condensaient toutes les exubérances de ses compatriotes, le servit au moins autant que sa connaissance parfaite de la loi française dont le Code de Tunis n'est que la copie défigurée.

A force de souplesse, de circonspection, et malgré les intrigues d'Hemerlingue fils, très influent au Bardo, il parvint à faire distraire de la confiscation l'argent prêté par le Nabab quelques mois auparavant et a arracher dix millions sur quinze à la rapacité de Mohammed. Le matin même du jour où cette somme devait lui être comptée, il recevait de Paris une dépêche lui annonçant l'invalidation. Il courut tout de suite au palais, pressé d'y arriver avant la nouvelle; et au retour, ses dix millions de traites sur Marseille bien serrés dans son portefeuille, il croisa sur la route de la résidence le carrosse d'Hemerlingue fils avec ses trois mules lancées à fond de train. La tête du hibou maigre rayonnait. De Géry comprenant que, s'il restait seulement quelques heures de plus à Tunis, ses traites couraient grand risque d'être confisquées, alla retenir sa place sur un paquebot italien qui partait le lendemain pour Gênes, passa la nuit à bord, et ne fut tranquille que lorsqu'il vit fuir derrière lui la blanche Tunis étagée au fond de son golfe et les rochers du cap Carthage. En entrant dans le port de Gênes, le vapeur, en train de se ranger au quai, passa près d'un grand yacht où flottait le pavillon tunisien parmi des petits étendards de parade. De Géry ressentit une vive émotion, crut un instant qu'on envoyait à sa poursuite, et qu'il allait peut-être en débarquant avoir des démêlés avec la police italienne comme un vulgaire gâte-bourse. Mais non, le yacht se balançait tranquille à l'ancre, ses matelots occupés à nettoyer le pont et à repeindre la sirène rouge de l'avant, comme si l'on attendait quelque personnage d'importance. Paul n'eut pas la curiosité de savoir quel était ce personnage, ne fit que traverser la ville de marbre et revint par la voie ferrée qui va de Gênes à Marseille en suivant la côte, route merveilleuse où l'on passe du noir des tunnels à l'éblouissement de la mer bleue, mais que son étroitesse expose à bien des accidents.

A Savone, le train arrêté, on annonça aux voyageurs qu'ils ne pouvaient aller plus loin, un de ces petits ponts jetés sur les torrents qui descendent de la montagne dans la mer s'étant rompu pendant la nuit. Il fallait attendre l'ingénieur, les ouvriers avertis par le télégraphe, rester là peut-être une demi-journée. C'était le matin. La ville italienne s'éveillait dans une de ces aubes voilées qui annoncent la grande chaleur du jour. Pendant que les voyageurs dispersés se réfugiaient dans les hôtels, s'installaient dans des cafés, que d'autres couraient la ville, de Géry, désolé du retard, cherchait un moyen de ne pas perdre encore cette dizaine d'heures. Il pensait au pauvre Jansoulet, à qui l'argent qu'il apportait allait peut-être sauver l'honneur et la vie, à sa chère Aline, à celle dont le souvenir ne l'avait pas quitté un seul jour pendant son voyage, pas plus que le portrait qu'elle lui avait donné. Il eut alors l'idée de louer un de ces *calesino* attelés à quatre, qui font le trajet de Gênes à Nice, tout le long de la Corniche italienne, voyage adorable que se payent souvent les étrangers, les amoureux ou les joueurs heureux de Monaco. Le cocher garantissait d'être à Nice de bonne heure; mais n'arrivât-on guère plus vite qu'en attendant le train, l'impatience du voyageur éprouvait le soulagement de ne pas piétiner sur place, de sentir à chaque tour de roue décroître l'espace qui le séparait de son désir.

Oh! par un beau matin de juin, à l'âge de notre ami Paul, le cœur plein d'amour comme il l'avait, brûler à quatre chevaux la route blanche de la Corniche, c'est une ivresse de voyage incomparable. A gauche, à cent pieds d'abîme, la mer mouchetée d'écume des anses rondes du rivage à ces lointains de vapeur, où se confondent le bleu des vagues et celui du ciel; voiles rouges ou blanches, jetées là-dessus en ailes uniques et déployées, fines silhouettes de steamers avec un peu de fumée à l'arrière comme un adieu, et sur des plages aperçues au détour, des pêcheurs, pas plus gros que des merles de roche, dans leur barque amarrée, qui semble un nid. Puis la route s'abaisse, suit une pente rapide, tout le long de rochers, de promontoires presque à pic. Le vent frais des vagues arrive là, se mêle aux mille grelots de l'attelage, tandis qu'à droite, sur le flanc de la montagne, les pins s'étagent, les chênes verts, aux capricieuses racines, sortant du sol aride, et des oliviers en culture sur leurs terrasses, jusqu'à un large ravin blanc et caillouteux, bordé de verdures qui rappellent le passage des eaux, un torrent desséché que remontent des mulets chargés, le sabot solide parmi les pierres en galets où se penche une laveuse près d'une mare microscopique, quelques gouttes restées de la grande inondation d'hiver. De temps en temps, on traverse la rue d'un village ou plutôt d'une petite ville rouillée par trop de soleil, d'une ancienneté historique, les maisons étroitement serrées et rejointes par des arcades sombres, un lacis de ruelles voûtées, qui grimpent à pic avec des échappées de jour supérieur, des ouvertures de mines laissant apercevoir des nichées d'enfants frisés en auréole, des corbeilles de fruits éclatants, une femme descendant le pavé raboteux, sa cruche sur la tête ou la quenouille au bras. Puis, à un coin de rue, le papillotement bleu des vagues, et l'immensité retrouvée...

Mais, à mesure que la journée s'avançait, le soleil, montant dans le ciel, éparpillait sur la mer, sortie de ses brumes, lourde, stupéfaite, immobile avec des transparences de quartz, des milliers de rayons tombant dans l'eau, comme des piqûres de flèches, une réverbération éblouissante, doublée par la blancheur des roches et du sol, par un véritable sirocco d'Afrique qui soulevait la poussière en spirale sur le passage de la voiture. On arrivait aux sites les plus chauds, les plus abrités de la Corniche, véritable température exotique, plantant en pleine terre les dattiers, les cactus, l'aloès et ses hauts candélabres. En voyant ces troncs élancés, cette végétation fantastique, découper l'air chauffé à blanc, en sentant la poussière aveuglante craquer sous les roues comme une neige, de Géry, les yeux à demiclos, halluciné par ce midi de plomb, croyait faire encore une fois cette fatigante route de Tunis au Bardo, tant parcourue dans un singulier pêle-mêle de carrosses levantins, à livrées eclatantes, de meahris au long cou, à la babine pendante, de mulets caparaçonnés, de bourriquets, d'Arabes en guenilles, de nègres à moitié nus, de fonctionnaires en grand costume, avec leur escorte d'honneur. Allait-il donc retrouver là-bas, où la route côtoie des jardins de palmiers, l'architecture bizarre et colossale du palais du bey, ses grillages de fenêtres aux mailles serrées, ses portes de marbre, ses moucharabies en bois découpé, peints de couleurs vives?... Ce n'était pas le Bardo, mais le joli pays de Bordighera, divisé comme tous ceux du littoral en deux parties, la *Marine* s'étalant en rivage, et la ville haute, rejointes toutes deux par une forêt de palmes immobiles, élancées de tige et la cime retombante, véritables fusées de verdure, rayant le bleu de leurs mille fentes régulières.

La chaleur insoutenable, les chevaux à bout de forces, contraignirent le voyageur à s'arrêter pour une couple d'heures dans un de ces grands hôtels qui bordent la route et mettent dès novembre, dans ce petit bourg merveilleusement abrité, la vie luxueuse, l'animation cosmopolite d'une aristocratique station hivernale. Mais, à cette époque de l'année, il n'y avait à la *Marine* de Bordighera que des pêcheurs invisibles à cette heure. Les villas, les hôtels semblaient morts, tous leurs stores et leurs jalousies étendus. On fit traverser à l'arrivant de longs couloirs frais et silencieux, jusqu'à un grand salon tourné au nord qui devait faire partie d'un de ces appartements complets qu'on loue pour la saison et dont les portes légères communiquent avec d'autres chambres. Des rideaux blancs, un tapis, ce demi-confortable exigé par les Anglais, même en voyage, et en face des fenêtres que l'hôtelier ouvrit toutes grandes pour amorcer ce passant, l'engager à une halte plus sérieuse, la vue splendide de la montagne. Un calme étonnant régnait dans cette grande auberge déserte, sans maître d'hôtel, ni cuisiniers, ni chasseurs, — tout le service n'arrivant qu'aux premiers froids, — et livrée pour les soins domestiques à un gâte-sauce du pays, expert aux *stoffato*, aux *risotto*, et à deux valets d'écurie mettant pour l'heure des repas l'habit, la cravate blanche et les escarpins de l'office. Heureusement de Géry ne devait rester là que le temps de respirer une heure ou deux, d'enlever de ses yeux cette réverbération d'argent mat, de sa tête alourdie le casque à jugulaire douloureuse que le soleil y avait mis.

Du divan où il s'étendit, le paysage admirable, terrasses d'oliviers légers et frissonnants, bois d'orangers plus sombres aux feuilles mouillées de luisants mobiles, semblait descendre jusqu'à sa fenêtre par étages de verdures diverses où des villas dispersées éclataient en blancheur, parmi lesquelles celle de Maurice Trott, le banquier, reconnaissable aux riches caprices de son architecture et à la hauteur de ses palmiers. L'habitation du Levantin, dont les jardins venaient jusque sous les croisées de l'hôtel, abritait depuis quelques mois une célébrité artistique, le sculpteur Bréhat, qui se mourait de la poitrine et devait à cette hospitalité princière un prolongement d'existence. Ce voisinage d'un agonisant célèbre, dont l'hôtelier était très fier, et qu'il aurait mis volontiers sur sa note, ce nom de Bréhat que de Géry avait entendu si souvent prononcer avec admiration dans l'atelier de Félicia Ruys, ramenèrent sa pensée vers le beau visage aux lignes pures entrevu pour la dernière fois au Bois de Boulogne, penché sur l'épaule de Mora. Qu'était-elle devenue, la malheureuse fille, quand cet appui lui avait manqué ? Cette leçon lui servirait-elle dans l'avenir ? Et par une étrange coïncidence, pendant qu'il songeait ainsi à Félicia, en face de lui, sur les pentes du jardin voisin, un grand lévrier blanc traversait en gambadant une allée d'arbres verts. On eût dit tout à fait Kadour ; mêmes poils ras, même gueule rose, féroce et fine. Paul, devant sa fenêtre ouverte, fut asssailli en un moment par toutes sortes de visions tristes ou charmantes. Peut-être, la nature splendide qu'il avait sous les yeux, cette haute montagne où courait une ombre bleue attardée dans tous les plis du terrain aidait-elle au vagabondage de sa pensée. Sous les orangers, les citronniers, alignés pour la culture, chargés de fruits d'or, s'étendaient d'immenses champs de violettes, en plants réguliers et serrés, traversés de petits canaux d'irrigation, dont la pierre blanche coupait les verdures exubérantes.

Une odeur exquise montait, de violettes pétries dans du soleil, chaude essence de boudoir, énervante, affaiblissante, qui évoquait pour de Géry des visions féminines, Aline, Félicia, glissant à travers la féerie du paysage, dans cette atmosphère bleutée, ce jour élyséen qu'on eût dit le parfum devenu visible de tant de fleurs épanouies... Un bruit de portes lui fit rouvrir les yeux... Quelqu'un venait d'entrer dans la pièce à côté. Il entendit le frôlement d'une robe sur la mince cloison, un feuillet retourné dans un livre qu'on devait lire sans grand intérêt; car un long soupir modulé en bâillement le fit tressaillir. Dormait-il, rêvait-il encore? Ne venait-il pas d'entendre le cri du « chacal dans le désert, » si bien en harmonie avec la température brûlante et lourde du dehors... Non. Plus rien... Il s'endormit de nouveau; et cette fois, toutes les images confuses qui le poursuivaient se fixèrent en un rêve, un bien beau rêve...

Il faisait avec Aline son voyage de noces. Une mariée délicieuse. Prunelles claires, pleines d'amour et de foi, qui ne connaissaient que lui, ne regardaient que lui. Dans ce même salon d'hôtel, de l'autre côté du guéridon, la jolie fille était assise en blanc déshabillé du matin qui sentait bon la violette et les dentelles fines de la corbeille. Ils déjeunaient. Un de ces déjeuners de voyage de noces, servis au saut du lit en face de la mer bleue, du ciel limpide qui azurent le verre où l'on boit, les yeux que l'on regarde, l'avenir, la vie, l'espace clair. Oh! qu'il faisait beau, quelle lumière divine, rajeunissante, comme ils étaient bien!

Et tout à coup, en pleins baisers, en pleine ivresse, Aline devenait triste. Ses beaux yeux se voilaient de larmes. Elle lui disait : « Félicia est là... vous n'allez plus m'aimer... » Et lui riait : « Félicia, ici?... Quelle idée. — Si, si... Elle est là... » Tremblante, elle montrait la chambre voisine, d'où partaient pêle-mêle des aboiements enragés et la voix de Félicia : « Ici, Kadour... Ici, Kadour..., » la voix basse, concentrée, furieuse de quelqu'un qui se cachait et se voit brusquement découvert.

Réveillé en sursaut, l'amoureux, désenchanté, se retrouva dans sa chambre déserte, devant un guéridon vide, son beau rêve envolé par la fenêtre sur le grand coteau qui la remplissait toute, et semblait se pencher vers elle. Mais on entendait bien réellement dans la pièce contiguë les aboiements d'un chien et des coups précipités ébranlant la porte...

— Ouvrez. C'est moi... c'est Jenkins. »

Paul se redressa sur son divan, stupéfait. Jenkins ici?... Comment cela?... A qui s'adressait-il?... Quelle voix allait lui répondre?... On ne répondit point... Un pas léger alla vers la porte, et le pêne grinça nerveusement.

« Enfin, je vous trouve, dit l'Irlandais en entrant... »

Et vraiment, s'il n'avait pris soin de s'annoncer lui-même, à travers la cloison Paul n'aurait jamais placé sur cet accent brutal, violent et rauque, le nom du docteur aux façons doucereuses...

« Enfin, je vous trouve après huit jours de recherches, de courses folles, de Gênes à Nice, de Nice à Gênes... Je savais que vous n'étiez pas partie, le yacht étant toujours en rade... Et j'allais inspecter toutes les auberges du littoral, quand je me suis souvenu de Bréhat... J'ai pensé que vous aviez voulu le voir en passant. J'en viens... C'est lui qui m'a dit que vous étiez ici. »

Mais à qui parlait-il ? Quelle obstination singulière mettait-on à ne pas lui répondre? Enfin une belle voix morne que Paul connaissait bien fit vibrer à son tour l'air alourdi et sonore de la chaude après-midi.

« Eh bien ! oui, Jenkins, me voilà... Qu'est-ce qu'il y a donc ? »

A travers la muraille, Paul voyait la bouche dédaigneuse, abaissée, avec un pli de dégoût.

« Je viens vous empêcher de partir, de faire cette folie...

— Quelle folie? J'ai des travaux à Tunis... Il faut bien que j'y aille.

— Mais vous n'y songez pas, ma chère enfant...

— Oh! assez de paternité comme cela, Jenkins... On sait ce qui se cache là-dessous... Parlez-moi donc comme tout à l'heure... J'aime encore mieux chez vous le dogue que le chien couchant... J'en ai moins peur.

— Eh bien! je vous dis, moi, qu'il faut être folle pour s'en aller là-bas toute seule, jeune et belle comme vous êtes...

— Et ne suis-je pas toujours seule?... Vouliez-vous que j'emmène Constance, à son âge?

— Et moi?

— Vous?... » Elle modula le mot sur un rire plein d'ironie... « Et Paris?... Et vos clients?... Priver la société de son Cagliostro!... Jamais, par exemple.

— Je suis pourtant bien décidé à vous suivre partout où vous irez... fit Jenkins résolûment. »

Il y eut un instant de silence. Paul se demandait s'il était bien digne de lui d'écouter ce débat qu'il sentait gros de révélations terribles. Mais, en plus de la fatigue, une curiosité invincible le clouait à sa place... Il lui semblait que l'énigme attirante dont il avait été si longtemps intrigué et troublé, qui tenait encore à son esprit par le bout de son voile de mystère, allait enfin parler, se découvrir, montrer la femme douloureuse ou perverse que cachait l'artiste mondaine. Il restait donc immobile, retenant son souffle, n'ayant pas d'ailleurs besoin d'espionner; car les autres, se croyant seuls dans l'hôtel, laissaient monter leurs passions et leurs voix sans contrainte.

« En fin de compte, que voulez-vous de moi ?...

— Je vous veux...

— Jenkins !

— Oui, oui, je sais bien ; vous m'aviez défendu de prononcer jamais de telles paroles devant vous ; mais d'autres que moi vous les ont dites, et de plus près encore... »

Deux pas nerveux la rapprochaient de l'apôtre, mettaient devant cette large face sensuelle le mépris haletant de sa réponse.

« Et quand cela serait, misérable ! Si je n'ai su me garder contre le dégoût et l'ennui, si j'ai perdu ma fierté, est-ce à vous d'en parler seulement ?... Comme si vous n'en étiez pas cause, comme si vous ne m'aviez pas à tout jamais fané, attristé la vie... »

Et trois mots brûlants et rapides firent passer devant Paul de Géry terrifié l'horrible scène de cet attentat enveloppé d'affectueuse tutelle, contre lequel l'esprit, la pensée, les rêves de la jeune fille avaient eu si longtemps à se débattre et qui lui avait laissé l'incurable tristesse des chagrins précoces, l'écœurement de la vie à peine commencée, ce pli au coin de la lèvre comme la chute visible du sourire.

« Je vous aimais... Je vous aime... La passion emporte tout... répondit Jenkins sourdement.

— Eh bien! aimez-moi donc, si cela vous amuse... Moi je vous hais non seulement pour le mal que vous m'avez fait, tout ce que vous avez tué en moi de croyances, de belles énergies, mais parce que vous me représentez ce qu'il y a de plus exécrable, de plus hideux sous le soleil, l'hypocrisie et le mensonge. Oui, dans cette mascarade mondaine, ce tas de faussetés, de grimaces, de conventions lâches et malpropres qui m'ont écœurée au point que je me sauve, que je m'exile pour ne plus les voir, que je leur préférerais le bagne, l'égoût, le trottoir comme une fille, votre masque à vous, ô sublime Jenkins, est encore celui qui m'a le plus fait horreur. Vous avez compliqué notre hypocrisie française, toute en sourires et en politesse, de vos larges poignées de main à l'anglaise, de votre loyauté cordiale et démonstrative. Tous s'y sont laissé prendre. On dit « le bon Jenkins, le brave, l'honnête Jenkins. » Mais moi je vous connais, bonhomme, et malgré votre belle devise si effrontément arborée sur les enveloppes de vos lettres, sur votre cachet, vos boutons de manchettes, la coiffe de vos chapeaux, les panneaux de votre voiture, je vois toujours le fourbe que vous êtes et qui dépasse son déguisement de toutes parts. »

Sa voix sifflait entre ses dents serrées par une incroyable férocité d'expression; et Paul s'attendait à quelque furieuse révolte de Jenkins se redressant sous tant d'outrages. Mais non. Cette haine, ce mépris venant de la femme aimée devaient lui causer plus de douleur que de colère; car il répondit tout bas, sur un ton de douceur navrée :

« Oh! vous êtes cruelle... Si vous saviez le mal que vous me faites... Hypocrite, oui, c'est vrai; mais on ne naît pas comme cela... On le devient par force, devant les duretés de la vie. Quand on a le vent contre et qu'on veut avancer, on louvoie. J'ai louvoyé... Accusez mes débuts misérables, une entrée manquée dans l'existence, et convenez du moins qu'une chose en moi n'a jamais menti : ma passion !... Rien n'a pu la rebuter, ni vos dédains, ni vos injures, ni tout ce que je lis dans vos yeux qui, depuis tant d'années, ne m'ont pas souri une fois... C'est encore ma passion qui me donne la force, même après ce que je viens d'entendre, de vous dire pourquoi je suis ici... Écoutez. Vous m'avez déclaré un jour qu'il vous fallait un mari, quelqu'un qui veille sur vous pendant votre travail, qui relève de faction la pauvre Crenmitz excédée. Ce sont là vos propres paroles, qui me déchiraient alors parce que je n'étais pas libre. Maintenant tout est changé. Voulez-vous m'épouser, Félicia?

— Et votre femme? s'écria la jeune fille

pendant que Paul s'adressait la même question.

— Ma femme est morte.

— Morte?... Madame Jenkins?... Est-ce vrai?

— Vous n'avez pas connu celle dont je parle. L'autre n'était pas ma femme. Quand je l'ai rencontrée, j'étais déjà marié en Irlande... Depuis des années... Un mariage horrible, contracté la corde au cou... Ma chère, à vingt-cinq ans, je me suis trouvé devant cette alternative : la prison pour dettes ou mademoiselle Strang, une vieille fille couperosée et goutteuse, la sœur d'un usurier qui m'avait avancé cinq cents livres pour payer mes études médicales... J'avais préféré la prison; mais des semaines et des mois vinrent à bout de mon courage, et j'épousai mademoiselle Strang qui m'apporta en dot... mon billet. Vous voyez ma vie entre ces deux monstres qui s'adoraient. Une femme jalouse, impotente. Le frère m'espionnant, me suivant partout. J'aurais pu fuir. Mais une chose me retenait... On disait l'usurier immensément riche. Je voulais toucher au moins le bénéfice de ma lâcheté... Ah! je vous dis tout, vous voyez... Du reste j'ai été bien puni, allez. Le vieux Strang est mort insolvable; il jouait, s'était ruiné, sans le dire... Alors j'ai mis les rhumatismes de ma femme dans une maison de santé et je suis venu en France... C'était une existence à recommencer, de la lutte et de la misère encore. Mais j'avais pour moi une expérience, la haine et le mépris des hommes, et la liberté reconquise, car je ne me doutais pas que l'horrible boulet de cette union maudite allait gêner encore ma marche, à distance... Heureusement, c'est fini, me voilà délivré...

— Oui, Jenkins, délivré... Mais pourquoi ne songez-vous pas à faire votre femme de la pauvre créature qui a partagé votre vie si longtemps, humble et dévouée comme nous l'avons tous vue ?

— Oh ! dit-il avec une explosion sincère, entre mes deux bagnes je crois que je préférais l'autre, où je pouvais être franchement indifférent ou haineux... Mais l'atroce comédie de l'amour conjugal, d'un bonheur sans lassitude, alors que depuis si longtemps je n'aimais que vous, je ne pensais qu'à vous... Il n'y a pas sur terre de pareil supplice... Si j'en juge par moi, la malheureuse a dû pousser à l'instant de la séparation un cri de soulagement et d'allégresse. C'est le seul adieu que j'en espérais...

— Mais qui vous forçait à tant de contrainte ?

— Paris, la société, le monde... Mariés devant l'opinion, nous étions tenus par elle...

— Et maintenant, vous ne l'êtes donc plus ?

— Maintenant quelque chose domine tout, c'est l'idée de vous perdre, de ne plus vous voir... Oh! quand j'ai appris votre fuite, quand j'ai vu cet écriteau sur votre porte : « A LOUER », j'ai senti que c'en était fait des poses et des grimaces, que je n'avais plus qu'à partir, à courir bien vite après mon bonheur que vous emportiez. Vous quittiez Paris, je l'ai quitté. On vendait tout chez vous ; chez moi, on va tout vendre.

— Et elle ?... reprit Félicia frémissante... Elle, la compagne irréprochable, l'honnête femme que personne n'a jamais soupçonnée, où ira-t-elle? que fera-t-elle ?... Et c'est sa place que vous venez me proposer... Une place volée, dans quel enfer !... Eh bien ! et cette devise, bon Jenkins, vertueux Jenkins, qu'est-ce que nous en faisons ? Le bien sans espérance, mon vieux !... »

A ce rire cinglant comme un coup de cravache qui devait lui marquer la figure en rouge, le misérable répondit en haletant :

« Assez..., assez..., ne raillez pas ainsi... c'est trop horrible à la fin... Cela ne vous touche donc pas d'être aimée comme je vous aime en vous sacrifiant tout, fortune, honneur, considération ? Voyons, regardez-moi... Si bien attaché que fût mon masque, je l'ai arraché pour vous, je l'ai arraché devant tous... Et maintenant, tenez ! le voilà l'hypocrite... »

On entendit le bruit sourd de deux genoux sur le parquet. Et bégayant, éperdu d'amour, affaissé devant elle, il la suppliait de consentir à ce mariage, de lui donner le droit de la suivre partout, de la défendre : puis les mots lui manquaient, s'étouffaient dans un sanglot passionné, si profond, si déchirant qu'il aurait touché n'importe quel cœur, surtout devant la splendide nature impassible dans cette chaleur parfumée et amollissante... Mais Félicia ne s'attendrit pas, et toujours hautaine : « Finissons-en, Jenkins, dit-elle brusquement, ce que vous me demandez est impossible... Nous n'avons rien à nous cacher ; et après vos confidences de tout à l'heure, je veux vous en faire une qui coûte à mon orgueil, mais dont votre acharnement me paraît digne... J'étais la maîtresse de Mora. »

Paul n'ignorait pas cela. Et pourtant c'était si triste cette belle voix pure chargée d'un tel aveu, au milieu de cet air enivrant de bleu et d'aromes, qu'il en eut un grand serrement de cœur et dans la bouche ce goût de larmes que laisse un regret inavoué.

« Je le savais, reprit Jenkins d'une voix sourde... J'ai là les lettres que vous lui écriviez...

— Mes lettres ?

— Oh ! je vous les rends, tenez. Je les sais par cœur, à force de les lire et de les relire...

C'est ça qui fait mal, quand on aime... Mais j'ai bien subi d'autres tortures. Quand je pense que c'est moi... » Il s'arrêta. Il étouffait... « Moi qui devais fournir le combustible à vos flammes, réchauffer cet amant de glace, vous l'envoyer ardent et rajeuni... Ah ! il en a dévoré des perles, celui-là... J'avais beau dire non, il en voulait toujours... A la fin la fureur m'a pris... Tu veux brûler, misérable, eh bien ! brûle. . . . .

Paul se leva épouvanté. Allait-il donc devenir le confident d'un crime ?

Mais la honte ne lui fut pas infligée d'en entendre davantage.

Un coup violent, frappé chez lui, cette fois, vint l'avertir que le calesino était prêt.

« Eh ! signor Francese... »

Dans la pièce à côté le silence se fit, puis un chuchotement, il y avait quelqu'un, là, tout près d'eux... qui les écoutait... Paul de Géry descendit précitamment. Il lui tardait d'être hors de cette chambre d'hôtel, d'échapper à l'obsession de tant d'infamies dévoilées.

Comme la chaise de poste s'ébranlait, entre ces rideaux blancs communs qui flottent à toutes les fenêtres dans le Midi, il aperçut une figure pâlie avec des cheveux de déesse et de grands yeux brûlants qui guettaient. Mais un regard au portrait d'Aline chassait vite cette vision troublante, et pour jamais guéri de son ancien amour, il voyagea jusqu'au soir à travers un paysage féerique avec la jolie mariée du déjeuner, qui emportait dans les plis de sa modeste robe, de son mantelet de jeune fille, toutes les violettes de Bordighera.

XXV

LA PREMIÈRE DE « RÉVOLTE »

« En scène pour le premier acte! »

Ce cri du régisseur debout, les mains en porte-voix, au bas de l'escalier des artistes, s'engouffre dans sa haute cage, monte, roule, se perd au fond des couloirs pleins d'un bruit de portes battantes, de pas précipités, d'appels désespérés au coiffeur, aux habilleuses, tandis qu'apparaissent successivement aux paliers des différents étages, lents et majestueux, la tête immobile, de peur de déranger le moindre détail de leur accoutrement, tous les personnages du premier acte de *Révolte*, costumes de bal élégants et modernes, avec des craquements de souliers neufs, le frôlement soyeux des traînes, le cliquetis des bracelets riches remontés par le gant qu'on boutonne. Tout ce monde-là paraît ému, nerveux, pâle sous le fard, et dans les satins savamment préparés des épaules arrosées de céruse, des frissons passent en moires d'ombres. On parle peu, la bouche sèche. Les plus rassurés en affectant de sourire ont dans les yeux, dans la voix, l'hésitation de la pensée absente, cette appréhension de la bataille aux feux de la rampe, qui reste un des attraits les plus puissants du métier de comédien, son piquant, son renouveau.

Sur la scène encombrée d'un va-et-vient de machinistes, de garçons d'accessoires se hâtant, se bousculant dans le jour doux, neigeux, tombé des frises, qui fera place tout à l'heure, quand le rideau se lèvera, à la lumière éclatante de la salle. Cardailhac, en habit noir et cravate blanche, le chapeu casseur sur l'oreille, jette un dernier coup d'œil à l'installation des décors, presse les ouvriers, complimente l'ingénue en toilette, rayonnant, fredonnant, superbe. On ne se douterait jamais à le voir des terribles préoccupations qui l'enfièvrent. Entraîné lui aussi dans la débacle du Nabab, où s'est engloutie sa commandite, il joue son va-tout sur la pièce de ce soir, contraint — si elle ne réussit pas — à laisser impayés ces décors merveilleux, ces étoffes a cent francs le mètre. C'est une quatrième faillite qui l'attend. Mais, bah! notre directeur a confiance. Le succès, comme tous les monstres mangeurs d'hommes, aime la jeunesse; et cet auteur inconnu, tout neuf sur une affiche, flatte les superstitions du joueur.

André Maranne n'est pas aussi rassuré. A mesure que la représentation approche, il perd la foi dans son œuvre, atterré par la vue de la salle qu'il regarde au trou du rideau comme au verre étroit d'un stéréoscope.

Une salle splendide, remplie jusqu'au cintre, malgré le printemps avancé et le goût mondain pour la villégiature précoce; une salle que Cardailhac, ennemi déclaré de la nature et de la campagne, s'efforçant toujours de retenir les Parisiens le plus tard possible dans Paris, est parvenu à combler, à faire aussi brillante qu'en plein hiver. Quinze cents têtes fourmillant sous le lustre, droites, penchées, détournées, interrogeantes, d'une grande vie d'ombres et de reflets, les unes massées aux coins obscurs du bas pourtour, les autres éclairées vivement, les portes des loges ouvertes, par la réverbération des murs blancs du couloir; public des premières toujours le même, ce brigand de tout Paris qui va partout, emportant d'assaut ces places enviées, quand une faveur, une fonction quelconque ne les lui donne pas.

A l'orchestre, les gilets à cœur, les clubs, crânes luisants, larges raies dans des cheveux rares, gants clairs, grosses lorgnettes braquées. Aux galeries, mêlées de mondes et de toilettes, tous les noms connus de ces sortes de solennités, et la promiscuité gênante qui place le sourire contenu et chaste de l'honnête femme à côté des yeux brûlants de kohl, de la bouche en traits de vermillon des autres. Chapeaux blancs, chapeaux roses, diamants et maquillage. Au-dessus, les loges présentent la même confusion : des actrices et des filles, des ministres, des ambassadeurs, des auteurs fameux, des critiques, ceux-ci l'air grave, les sourcils froncés, jetés de travers sur leur fauteuil avec la morgue impassible de juges que rien ne peut corrompre. Les avant-scènes tranchent en lumière, en splendeur sur l'ensemble, occupées par des célébrités de la haute banque, les femmes décolletées et bras nus, ruisselantes de pierreries comme la reine de Saba dans sa visite au roi des Juifs. A gauche seulement une de ces grandes loges, complètement vide, attire l'attention par sa décoration bizarre, éclairée au fond d'une lanterne mauresque. Sur toute l'assemblée une poussière impalpable et flottante, le papillotement du gaz, son odeur mêlée à tous les plaisirs parisiens, ses susurrements aigus et courts comme une respiration phthisique, accompagnant le jeu des éventails déployés. Puis l'ennui, un ennui morne, l'ennui des mêmes visages toujours regardés aux mêmes places, avec leurs défauts ou leurs poses, cette uniformité des réunions mondaines qui finit par installer dans Paris chaque hiver une province dénigrante, papotière et restreinte plus que la province elle-même.

Maranne observait cette maussaderie, cette lassitude du public, et songeant à ce que la réussite de son drame pouvait changer dans sa modeste vie toute en espoir, se demandait, plein d'angoisse, comment faire pour approcher sa pensée de ces milliers d'êtres, les arracher à leurs préoccupations d'attitude, établir dans cette foule un courant unique qui lui ramènerait ces regards distraits, ces intelligences à tous les degrés du clavier, si difficiles à mettre à l'unisson. Instinctivement il cherchait des visages amis, une loge de face remplie par la famille Joyeuse : Élise et les fillettes assises sur le devant, au second plan Aline et le père, groupe adorable, familial, comme un bouquet trempé de rosée dans un étalage de fleurs fausses. Et tandis que tout Paris dédaigneux demandait : — Qu'est-ce que c'est que ces gens-là? le poète remettait son sort entre ces petites mains de fées, gantées de frais pour la circonstance et qui donneraient hardiment tout à l'heure le signal des applaudissements.

Place au théâtre !... Maranne n'a que le temps de se jeter dans la coulisse; et tout à coup il entend, loin, bien loin, les premières paroles de sa pièce qui montent, volée d'oiseaux craintifs, dans le silence et l'immensité de la salle. Moment terrible. Où aller? Que devenir? Rester là collé contre un portant, l'oreille tendue, le cœur serré; encourager les acteurs quand il aurait tant besoin d'encouragements lui-même? Il préfère encore regarder le danger en face; et, par la petite porte communiquant avec le couloir des loges, il se glisse jusqu'à une baignoire qu'il se fait ouvrir doucement. « Chut!... C'est moi... » Quelqu'un est assis dans l'ombre, une femme que tout Paris connaît, celle-là, et qui se cache. André se met auprès d'elle, et serrés l'un contre l'autre, invisibles à tous, la mère et le fils assistent en tremblant à la représentation.

Ce fut d'abord une stupeur dans le public. Ce théâtre des Nouveautés, situé au plein cœur du boulevard, où son perron s'étale tout en lumière, entre les grands restaurants, les cercles chics; ce théâtre, où l'on venait en partie carrée, au sortir d'un dîner fin, entendre, jusqu'à l'heure du souper, un acte ou deux de quelque chose de raide, était devenu dans les mains de son spirituel directeur le plus couru de tous les spectacles parisiens, sans genre bien précis et les abordant tous, depuis l'opérette-féerie qui déshabille les femmes, jusqu'au grand drame moderne qui décollète nos mœurs. Cardailhac tenait surtout à justifier son titre de « directeur des Nouveautés » et, depuis que les millions du Nabab soutenaient l'entreprise, s'attachait à faire aux boulevardiers les surprises les plus éblouissantes. Celle de ce soir les surpassait toutes : la pièce était en vers — et honnête.

Une pièce honnête!

Le vieux singe avait compris que le moment était venu de tenter ce coup-là, et il le tentait. Après l'étonnement des premières minutes, quelques exclamations attristées çà et là dans les loges : « Tiens! c'est en vers..., » la salle commença à subir le charme de cette œuvre fortifiante et saine, comme si l'on eût secoué sur elle, dans son atmosphère raréfiée, quelque essence fraîche et piquante à respirer, un élixir de vie parfumé au thym des collines.

« Ah! c'est bon... ça repose... »

C'était le cri général, un frémissement d'aise, une pâmoison de bien-être accompagnant chaque vers. Ça le reposait, ce gros Hemerlingue, soufflant dans son avant-scène du rez-de-chaussée comme dans une auge de satin cerise. Ça la reposait, la grande Suzanne Bloch, coiffée à l'antique avec des frisons dépassant un diadème d'or; et près d'elle, Amy Férat, toute en blanc comme une mariée, des brins d'oranger dans ses cheveux à la chien, ça la reposait bien aussi, allez!

Il y avait là une foule de créatures, quelques-unes très grasses, d'une graisse malpropre ramassée dans tous les sérails, trois mentons et l'air bête; d'autres absolument vertes malgré le fard, comme si on les eût trempées dans un bain de cet arséniate de cuivre que le commerce appelle du « vert de Paris, » tellement ridées, fanées, qu'elles se dissimulaient au fond de leurs loges, ne laissant voir qu'un bout de bras blanc, une épaule encore ronde qui dépassait. Puis des gandins avachis, échinés, ceux qu'on nommait alors des petits crevés, la nuque tendue, les lèvres pendantes, incapables de se tenir debout ou d'articuler un mot en entier. Et tous ces gens s'exclamaient ensemble : « C'est bon... ça repose... » Le beau Moëssard le murmurait comme un fredon sous sa petite moustache blonde, tandis que sa reine en première loge de face le traduisait dans la barbarie de sa langue étrangère. Positivement, ça les reposait. Ils ne disaient pas de quoi, par exemple, de quelle besogne écœurante, de quelle tâche forcée d'oisifs et d'inutiles.

Tous ces murmures bienveillants, unis, confondus, commençaient à donner à la salle sa physionomie des grands soirs. Le succès courait dans l'air, les figures se rassérénaient, les femmes semblaient embellies par des reflets d'enthousiasme, des regards excitants comme des bravos. André, près de sa mère, frissonnait d'un plaisir inconnu, de cette joie orgueilleuse qu'on ressent à remuer les foules, fût-ce même comme un chanteur de cour faubourienne, avec un refrain patriotique et deux notes émues dans la voix. Soudain les chuchotements redoublèrent, se changèrent en tumulte. On ricanait, on s'agitait. Que se passait-il? Quelque accident en scène? André, se penchant épouvanté vers ses acteurs aussi étonnés que lui-même, vit toutes les lorgnettes braquées sur la grande avant-scène vide jusqu'alors et où quelqu'un venait d'entrer, de s'asseoir, les deux coudes sur le rebord de velours, la lorgnette tirée du fourreau, installé dans une solitude sinistre.

En dix jours le Nabab avait vieilli de vingt ans. Ces violentes natures méridionales, si elles sont riches en élans, en jets de flammes irrésistibles, s'affaissent aussi plus complétement que les autres. Depuis son invalidation, le malheureux s'était enfermé dans sa chambre, les rideaux tirés, ne voulant plus même voir le jour ni dépasser le seuil au delà duquel la vie l'attendait, les engagements pris, les promesses faites, un fouillis de protêts et d'assignations. La Levantine, partie aux eaux en compagnie de son masseur et de ses négresses, absolument indifférente à la ruine de la maison; Bompain — l'homme au fez — tout effaré au milieu des demandes d'argent, ne sachant comment aborder l'infortuné patron toujours couché, le visage au mur sitôt qu'on lui parlait d'affaires; la vieille mère était restée seule pour faire tête au désastre, avec ses connaissances bornées et droites de veuve de village qui sait ce que c'est qu'un papier timbré, une signature, et tient l'honneur pour le plus grand bien de ce monde. Sa coiffe jaune apparaissait à tous les étages de l'hôtel, révisant les notes, réformant le service, ne craignant ni les cris ni les humiliations. A toute heure du jour, on voyait la bonne femme arpenter la place Vendôme à grands pas, gesticulant, se parlant a elle-même, disant tout haut : « Tè! je vais chez l'huissier. » Et jamais elle ne consultait son fils que lorsque c'était indispensable, d'un mot discret et bref, en évitant même de le regarder. Pour tirer Jansoulet de sa torpeur, il avait fallu une dépêche de Géry, datée de Marseille, annonçant qu'il arriverait avec dix millions. Dix millions, c'est-à-dire la faillite évitée, la possibilité de se relever, de recommencer la vie. Et voilà notre Méridional rebondissant du fond de sa chute, ivre de joie et plein d'espoir. Il fit ouvrir ses fenêtres, apporter des journaux. Quelle magnifique occasion que cette première de *Révolte* pour se montrer aux Parisiens qui le croyaient sombré, rentrer dans le grand tourbillon par la porte battante de sa loge des Nouveautés! La mère, qu'un instinct avertissait, insista bien un peu pour le retenir. Paris maintenant l'épouvantait. Elle aurait voulu emmener son enfant dans quelque coin ignoré du Midi, le soigner avec l'aîné, tous deux malades de la grande ville. Mais il était le maître. Impossible de résister à cette volonté d'homme gâté par la richesse. Elle l'assista pour sa toilette, « le fit beau, » ainsi qu'elle disait en riant, et le regarda partir non sans une certaine fierté, superbe, ressuscité, ayant à peu près surmonté le terrible affaissement des derniers jours...

En arrivant au théâtre, Jansoulet s'aperçut vite de la rumeur que causait sa présence dans la salle. Habitué à ces ovations curieuses, il y répondait d'ordinaire sans le moindre embarras, de tout son large et bon sourire; mais cette fois la manifestation était malveillante, presque indignée.

« Comment!... c'est lui?...

— Le voilà.

— Quelle impudence! »

Cela montait de l'orchestre avec bien d'autres exclamations confuses. L'ombre et la retraite où il s'était réfugié depuis quelques jours l'avaient laissé ignorant de l'exaspération publique à son égard, des homélies, des dithyrambes répandus dans les journaux à propos de sa fortune corruptrice, articles à effet, phraséologie hypocrite à l'aide desquels l'opinion se venge de temps en temps sur les innocents de toutes ses concessions aux coupables. Ce fut une effroyable déconvenue, qui lui causa d'abord plus de peine que de colère. Très ému, il cachait son trouble derrière sa lorgnette, s'attachant aux moindres détails de la scène, posé de trois quarts, mais ne pouvant échapper à l'observation scandaleuse dont il était victime et qui faisait bourdonner ses oreilles, ses tempes battre, les verres embués de sa lorgnette s'emplir des cercles multicolores où tournoie le premier égarement des congestions sanguines.

Le rideau baissé, l'acte fini, il restait dans cette attitude de gêne, d'immobilité; mais les chuchotements plus distincts, que ne retenait plus le dialogue scénique, l'acharnement de certains curieux changeant de place pour mieux le voir, le contraignaient à sortir de sa loge, à se précipiter dans les couloirs comme un fauve, échappé de l'arène à travers le cirque. Sous le plafond bas, dans l'étroit passage circulaire des corridors de théâtre, il tombait au milieu d'une foule compacte de gandins, de journalistes, de femmes en chapeau, en taille, riant par métier, renversant leur rire bête, le dos appuyé au mur. Des loges ouvertes et qui essayaient de respirer sur cette baie grouillante et bruyante sortaient des fragments de conversations, mêlées, à propos rompus :

« Une pièce délicieuse... C'est frais... C'est honnête...

— Ce Nabab!... Quelle effronterie!...

— Oui, vraiment, ça repose... On se sent meilleur...

— Comment ne l'a-t-on pas encore arrêté?...

— Un tout jeune homme, paraît-il... C'est sa premiere pièce.

— Bois-l'Héry à Mazas! Ce n'est pas possible... Voici la marquise en face de nous, aux premières galeries, avec un chapeau neuf...

— Qu'est-ce que ça prouve?... Elle fait son métier de lanceuse... Il est très joli, ce chapeau... aux couleurs du cheval de Desgranges.

— Et Jenkins? que devient Jenkins?

— A Tunis avec Félicia... Le vieux Brahim les a vus tous les deux... Il paraît que le bey se met décidément aux perles.

— Bigre!... »

Plus loin, des voix douces murmuraient :

« Vas-y, père, vas-y donc... Vois comme il est seul ce pauvre homme.

— Mais, mes enfants, je ne le connais pas.

— Eh bien! rien qu'un salut... Quelque chose qui lui prouve qu'il n'est pas complètement abandonné... »

Aussitôt un petit vieux monsieur, très rouge, en cravate blanche, s'élançait au-devant du Nabab et lui donnait un grand coup de chapeau respectueux. Avec quelle reconnaissance, quel sourire d'empressement aimable ce salut unique fut rendu, ce salut d'un homme que

Jansoulet ne connaissait pas, qu'il n'avait jamais vu, et qui pesait pourtant d'un grand poids sur sa destinée; car sans le père Joyeuse, le président du conseil de la *Territoriale* aurait eu probablement le sort du marquis de Bois-l'Héry. C'est ainsi que, dans l'enchevêtrement de la société moderne, ce grand tissage d'intérêts, d'ambitions, de services acceptés et rendus, tous les mondes communiquent entre eux, mystérieusement unis par les dessous, des plus hautes existences aux plus humbles; voilà ce qui explique le bariolage, la complication de cette étude de mœurs, l'assemblage des fils épars dont l'écrivain soucieux de vérité est forcé de faire le fond de son drame.

Les regards jetés en l'air dans le vague, la démarche qui s'écarte sans but, le chapeau remis sur la tête brusquement jusqu'aux yeux, en dix minutes le Nabab subit toutes les manifestations de ce terrible ostracisme du monde parisien où il n'avait ni parenté ni sérieuses attaches, et dont le mépris l'isolait plus sûrement que le respect n'isole un souverain en visite. D'embarras, de honte, il chancelait. Quelqu'un dit très haut : « Il a bu... » et tout ce que le pauvre homme put faire, ce fut de rentrer s'enfermer dans le salon de sa loge. D'ordinaire ce petit *retiro* s'emplissait pendant les entr'actes de gens de bourse, de journalistes. On riait, on fumait en menant grand vacarme; le directeur venait saluer son commanditaire. Ce soir-là, personne. Et l'abstention de Cardailhac, ce flaireur de succès, donnait bien à Jansoulet la mesure de sa disgrâce.

— Que leur ai-je donc fait? Pourquoi Paris ne veut-il plus de moi?

Il s'interrogeait ainsi dans une solitude qu'accentuaient les bruits environnants, les clefs brusques aux portes des loges, les mille exclamations d'une foule amusée. Puis subitement la fraîcheur du luxe qui l'entourait, la lanterne mauresque découpée en ombres bizarres sur les soies brillantes du divan et des murs lui remettaient en mémoire la date de son arrivée... Six mois!... Seulement six mois, qu'il était à Paris!... Tout flambé, tout dévoré en six mois!... Il s'absorba dans une sorte de torpeur, d'où le tirèrent des applaudissements, des bravos enthousiastes. C'était décidément un grand succès, cette pièce de *Révolte*. On arrivait maintenant aux passages de force, de satire; et les tirades virulentes, un peu emphatiques mais qu'enlevait un souffle de jeunesse et de sincérité, faisaient vibrer tous les cœurs, après les effusions idylliques du début. Jansoulet à son tour voulut entendre, voulut voir. Ce théâtre lui appartenait, après tout. Sa place dans cette avant-scène lui coûtait plus d'un million; c'était bien le moins qu'il l'occupât.

Le voilà de nouveau assis sur le devant de

sa loge. Dans la salle, une chaleur lourde, suffocante, remuée et non dissipée par les éventails haletants qui promenaient des reflets et des paillettes avec tous les souffles impalpables du silence. On écoutait religieusement une réplique indignée et fière contre les forbans, si nombreux à cette époque, qui tenaient le haut du pavé après en avoir battu les coins les plus obscurs pour détrousser les passants. Certes, Maranne, en écrivant ces beaux vers, avait pensé à tout autre qu'au Nabab. Mais le public y vit une allusion ; et tandis qu'une triple salve d'applaudissements accueillait la fin de la tirade, toutes les têtes se tournaient vers l'avant-scène de gauche avec un mouvement indigné, ouvertement injurieux... Le malheureux, mis au pilori sur son propre théâtre! Un pilori qui lui coûtait si cher!... Cette fois, il n'essaya pas de se soustraire à l'affront, se planta résolûment les bras croisés et brava cette foule qui le regardait, ces centaines de visages levés et ricaneurs, ce vertueux Tout Paris qui le prenait pour bouc émissaire et le chassait après l'avoir chargé de tous ses crimes.

Joli monde vraiment pour une manifestation pareille! En face, une loge de banquiers faillis, la femme et l'amant l'un près de l'autre au premier rang, le mari dans l'ombre, effacé et grave. A côté, le trio fréquent d'une mère qui a marié sa fille selon son propre cœur et pour se faire un gendre de l'homme qu'elle aimait. Puis des ménages interlopes, des filles étalant le prix de la honte, des diamants en cercles de feu rivés autour des bras et du cou comme des colliers de chien, se bourrant de bonbons qu'elles avalaient brutalement, bestialement, parce qu'elles savent que l'animalité de la femme plaît à ceux qui la paient. Et ces groupes de gandins efféminés, le col ouvert, les sourcils peints, dont on admirait à Compiègne, dans les chambres d'invités, les chemises de batiste brodées et les corsets de satin blanc; ces mignons du temps d'Agrippa, s'appelant entre eux : « Mon cœur... Ma chère belle... » Tous les scandales, toutes les turpitudes, consciences vendues ou à vendre, le vice d'une époque sans grandeur, sans originalité, essayant les travers de toutes les autres et jetant à Bullier cette duchesse, femme de ministre, rivale des plus éhontées danseuses de l'endroit. Et c'étaient ces gens-là qui le repoussaient, qui lui criaient : « Va-t'en... tu es indigne...

— Indigne, moi!... mais je vaux cent fois mieux que vous tous, misérables... Vous me reprochez mes millions. Et qui donc m'a aidé à les dévorer? Toi, compagnon lâche et traître, qui caches dans le coin de ton avant-scène ton obésité de pacha malade. J'ai fait ta fortune avec la mienne au temps où nous partagions en frères. Toi, marquis blafard, j'ai payé cent mille francs au cercle pour qu'on ne te chasse pas honteusement... Je t'ai couverte de bijoux, drôlesse, en laissant croire que tu étais ma maîtresse, parce que cela fait bien dans notre monde, mais sans jamais te demander de retour... Et toi, journaliste effronté qui as toute la bourbe de ton encrier pour cervelle, et sur ta conscience autant de lèpres que ta reine en porte sur la peau, tu trouves que je ne t'ai pas payé ton prix, et voilà pourquoi tes injures... Oui, oui, regardez-moi, canailles... Je suis fier... Je vaux mieux que vous... »

Tout ce qu'il disait ainsi mentalement, dans un délire de colère, visible au tremblement de ses lèvres blémies, le malheureux, en qui montait la folie, allait peut-être le crier bien fort dans le silence, invectiver cette masse insultante, qui sait? bondir au milieu, en tuer un, ah! bon sang de Dieu! en tuer un, quand il se sentit frappé légèrement sur l'épaule; et une tête blonde lui apparut, sérieuse et franche, deux mains tendues qu'il saisit convulsivement, comme un noyé.

« Ah! cher... cher... » bégaya le pauvre homme. Mais il n'eut pas la force d'en dire davantage. Cette émotion douce arrivant au milieu de sa fureur la fondit en un sanglot de larmes, de sang, de paroles étranglées. Sa figure devint violette. Il fit signe : « Emmenez-moi... » Et trébuchant, appuyé au bras de de Géry, il ne put que franchir la porte de sa loge pour aller tomber dans le couloir.

« Bravo! bravo!! » criait la salle à la tirade du comédien; et c'était un bruit de grêle, de trépignements enthousiastes, tandis que le grand corps sans vie, péniblement enlevé par les machinistes, traversait les coulisses rayonnantes, encombrées de curieux empressés autour de la scène, allumés au succès répandu et qui remarquèrent à peine le passage de ce vaincu inerte, porté à bras comme une victime d'émeute. On l'étendit sur un canapé dans le magasin d'accessoires, Paul de Géry à ses côtés avec un médecin, et deux garçons qui s'empressaient pour les secours. Cardailhac, très occupé par sa pièce, avait promis de venir savoir des nouvelles « tout à l'heure, après le *cinq*... »

Saignée sur saignée, ventouses, sinapismes, rien ne ramenait même un frémissement à l'épiderme du malade insensible à tous les moyens usités dans les cas d'apoplexie. Un abandon de tout l'être semblait le donner déjà à la mort, le préparer aux rigidités du cadavre; et cela dans le plus sinistre endroit du monde, le chaos éclairé d'une lanterne sourde où gisent pêle-mêle sous la poussière tous les rebuts des pièces jouées, meubles dorés, tentures à crépines brillantes, carrosses, coffres-forts, tables à jeu, escaliers et rampes démontés parmi des cordages, des poulies, un fouillis d'accessoires de théâtre hors d'usage, cassés, démolis, avariés. Bernard Jansoulet étendu au milieu de ces épaves, son linge fendu sur la poitrine, à la fois sanglant et blême, était bien un naufragé de la vie, meurtri et rejeté à la côte avec les débris lamentables de son luxe artificiel dispersé et broyé par le tourbillon parisien. Paul, le cœur brisé, contemplait cela tristement, cette face au nez court, gardant dans son inertie l'expression colère et bonne d'un être inoffensif qui a essayé de se défendre avant de mourir et n'a pas eu le temps de mordre. Il se reprochait son impuissance à le servir efficacement. Où était ce beau projet de conduire Jansoulet à travers les fondrières, de le garder des embûches? Tout ce qu'il avait pu faire, c'était de lui sauver quelques millions et encore arrivaient-ils trop tard.

On venait d'ouvrir les fenêtres sur le balcon tournant du boulevard, en pleine agitation bruyante et lumineuse. Le théâtre s'entourait d'un cordon de gaz, d'une zone de feu qui faisait paraître les fonds plus sombres, piqués de lanternes roulantes, comme des étoiles voyageant au ciel obscur. La pièce était finie. On sortait. La foule noire et serrée sur les perrons se dispersait aux trottoirs blancs, allait répandre par la ville le bruit d'un grand succès et le nom d'un inconnu demain triomphant et célèbre. Soirée admirable allumant les vitres des restaurants en liesse et faisant circuler par les rues des files d'équipages attardés. Ce tumulte de fête que le pauvre Nabab avait tant aimé, qui allait bien à l'étourdissement de son existence, le ranima une seconde. Ses lèvres remuèrent, et ses yeux dilatés, tournés vers de Géry, retrouvèrent avant la mort une expression douloureuse, implorante et révoltée, comme pour le prendre à témoin d'une des plus grandes, des plus cruelles injustices que Paris ait jamais commises.

FIN

TABLE

Achevé d'imprimer

le quinze janvier mil huit cent quatre-vingt-sept

PAR

ALPHONSE LEMERRE

25, RUE DES GRANDS-AUGUSTINS, 25

A PARIS

www.ingramcontent.com/pod-product-compliance
Lightning Source LLC
LaVergne TN
LVHW020537230826
846091LV00002B/303
9782019146412